青山有史——

台灣史人物新論

謝金蓉 著

前言

從一張照片到一頁風景

　　相信很多人和我一樣，初看到這本書封面照片裡三位氣質美女，肯定會有疑問：她們是誰？是在哪裡拍的照片？

　　這張照片由我先生的母親保存，她去世之後，照片靜靜地貼在相簿上。過去十幾年裡，我看過幾次相簿，對相簿裡那些年代久遠的臉孔，沒有特殊的感情，自然也不會想去探究照片裡三位小姐的身世。

　　去年春、夏，承蒙台大中文系教授陳昭瑛給予機會，拙作《蔡惠如和他的時代》由台大出版。在一個陽光晴朗的早晨，我去中研院拜訪台史所所長許雪姬，她逐行檢視《蔡》書的缺失，我的心裡七上八下，這回可糗大了。最明顯的一個地方，是這張照片的圖說寫錯了！我懊惱不已，沒想到許老師以帶著鼓勵的口氣說：沒關係，這樣的錯誤，大概也只有我看得出來。

　　這事讓我難以釋懷，圖說誤植事小，歷史人物未得到應有的認識──事情才大呢。

　　照片裡右邊第一位小姐名叫林雙隨，她是杜聰明的太太，兩人初識於從東京返回台灣的郵輪上。杜聰明後來托人向林雙隨的父親林仲衡提親，林仲衡要求，林家

的女婿必須會寫詩。當事人必須勉力通過的考驗，事後成為傳誦的佳話。

照片裡左邊那位小姐名叫林雙彎，她是林雙隨的妹妹，後來嫁給柳營劉家子弟劉明朝。劉明朝擁有一項「第一」的紀錄，他是第一位通過日本高等文官考試的台灣人。林雙彎也有一項「第一」，她是北一女第一位台籍畢業生，時為一九二一年。北一女為了慶祝建校百年所出版的《典藏北一女》特刊裡，刊出了一張林雙彎的晚年照，那張晚年照很難讓人聯想林雙彎從北一女畢業時候的小綠人模樣，倒是本書封面這張照片，推測應該是林雙彎剛剛畢業沒多久拍攝的。

照片裡中間那位小姐，她是林雙隨、林雙彎的堂姊妹林小娟，父親是霧峰頂厝的林瑞騰。這三位小少女從小一起長大，一九〇七、八年間，堂叔林獻堂帶領兒子去東京唸小學，三位小少女也一起去。國史館今年出版的《杜聰明與我》口述歷史裡，杜聰明和林雙隨的女兒杜淑純提供了多張這三位小少女在東京求學時代紮著大蝴蝶結的可愛照片。誰能料到，林小娟去世得相當早，一九二九年，長女才五歲她就離開堂姊妹返台後互相扶持的圈子。林小娟的丈夫是蔡珍曜，蔡珍曜則是蔡惠如的次子。蔡惠如和他的次媳婦一樣，一九二九年離開人世。

這張照片牽引出來「人生の風景」，不單只是三位少女的愛戀與婚姻，也不單單侷限於拍攝這張照片的霧峰林家園邸，而是在一個離現在不算太遠的年代裡，彷彿從三位林家小姐在圓桌旁碎碎交換感情與生活的瑣語間隙，感受到了一種種來自歷史的情緒，有讓人興奮的激情——像是杜聰明勉強通過的寫詩考驗；有讓人想去南部走走的閒

情——林雙彎嫁去的柳營劉家，浪漫的八角樓出現在劉吶鷗拍攝的家庭電影裡；也有讓人不明白的流動認同——林小娟的公公蔡惠如忽而上海、忽而東京、忽而福州，比起堂叔（林獻堂），蔡惠如顧不得清水蔡家的家族包袱，逕自揮灑他的革命事業去了。

「人生の風景」不應該侷限於歷史教科書的述説，過去多年，我研讀了許多台灣史研究者嚴謹的專書和論文，總是惋惜於許多精采的、人生很難再遭逢的風景，出版之後僅流傳在學術成果的小圈子裡。持平來説，九〇年代以來，關於清治台灣以降的專書和論文，少説也有五、六百本以上的規模，但是，這其中有任何的發酵，比得過電視劇《人間四月天》掀起的文化熱嗎？任何認真研究過「改變台灣」的歷史學家，曾經像史景遷一樣，受總統禮遇、侃侃而談他／她的「改變台灣」研究心得嗎？

台灣史上類似《人間四月天》裡盪氣迴腸的愛情故事，所在多有，江文也、劉吶鷗，他們的人生與情愛，比不

日本明治維新的薩摩藩大將西鄉隆盛，曾在牡丹社事件事時來過台灣，圖為東京上野公園的紀念雕像。

上徐志摩的波瀾壯闊嗎？再者，曾經「改變台灣」的外國人，從加拿大到日本，歷歷可數，馬偕、後藤新平，不過是其中較為人知的例子。歷史從來都沒有消失，只是乏人書寫罷了。

在找尋題目、形成問題意識的過程裡，我特別留意，自晚清以降，那些具有特殊「多岸多地」經驗的台灣人，以及曾經到訪台灣、在台灣居住的外國人，他們的經歷所體現出來的「台灣史」，不見得符合本土論的主流，卻是我們在省思「我們從何而來」，並且展望台海情勢變化莫測的將來裡，讓立足於台灣的情感憑據，多一些參考座標。

這本書的文章雖然多是獨自摸索寫成，近幾年來始終得到前輩和朋友適時捎來的支持，感謝許雪姬所長、許達然教授、張炎憲館長、錢永祥教授、吳密察教授、陳昭瑛教授、廖振富教授的指點，沈義方董事長、蕭瓊瑞教授的熱忱接待，劉吶鷗的小兒子劉漢中教授、

編輯日錄（三月廿七日）

頃接林獻堂氏來函。謂梁任公欲至臺島觀光廿四日經搭笠戶丸出發。同行者為湯覺頓君及其令愛。擬于廿七日即馳往歡迎。垃邀集該地有志者。為蓬地主之誼。而表欣慕之心云々。開此外尚有專函達知洪以南李漢如兩氏。藉重其周旋。

日治時期最重要的文化事件，首推梁啟超訪台，圖為《台灣日日新報》的報導。

魏清德的女兒魏淑順女士給予訪問協助，好友吳介民、阮慶岳、胡慧玲、林佳蓉的友誼，以及先生郭宏治的支援。當然，還要感謝兒子晴歡，他是母親最好的旅伴，喜歡踏查歷史景點，這本書裡的淡水小白宮、新竹城隍廟、板橋林家花園等、東京上野公園照片，每一張都有晴歡的參與。

　　一張照片如何能演變為一頁風景？這是以文字為業的我，戰戰兢兢想要傳達給讀者的歷史想像。這本書裡許許多多人生難再相逢的場景，比如一八七四年時淡水碼頭一場掛燈籠的聖誕晚會，梳髮辮的淡水人在布丁上擺放英國運來的罐頭葡萄乾；比如一九一八年時前往廈門行醫的賴和，目睹人去樓空的幻滅；又比如前輩畫家廖繼春深藏一生的秘密，是他忘不了好友陳澄波的慘死……

　　人間處處有青山。把藏諸青山的歷史風景，適切地呈現在讀者面前，這是筆者的自許，更期待先進們慷慨指正。

八月三日二〇〇六年

目錄

第三部　台灣史人物新論

花草也有歷史。傳說英國人在淡水小白宮種下梔子花，花開花謝，歷經百年寒暑。

第一部

百年前的台灣旅客

淡水碼頭

一場掛燈籠的聖誕餐會

一八七三年，處在大清帝國末梢的台灣，很少人知道聖誕節的由來，那年年底在淡水碼頭，一個靠外銷台灣茶葉而賺錢的蘇格蘭商人，在淡水碼頭掛起了傳統的中國燈籠，庭園的餐桌上擺著台北人沒吃過的布丁，布丁裡的葡萄乾是蘇格蘭商人從家鄉英國運來的罐頭取出來的裝飾；盤子裡的烤牛肉、火雞肉，當然也不是台北所產，而是這位洋商從香港運來的，以香港到台北的行船時間，這些肉製品一路由冰塊冷凍渡海而來。

這位蘇格蘭商人就是陶德（John Dodd），他作東的聖誕派對邀請了不少洋人，最著名的是剛來台不久的馬偕，以及搭戎克船、忙著在台灣南來北往探險的博物學家史蒂爾（Joseph Beal Steere, 1842~1940）。陶德在台灣停留了三十二年，和當時活躍於海峽兩岸的洋商、外國領事一樣，經常政商雙棲，而且兼具記者身分，經常在香港的英文

來台宣教的加拿大人馬偕博士（1844-1901），是第一個改變台灣的外國人。

美籍學者史蒂爾（1842-1940）曾經來台半年，訪台心得所寫成的書稿一直收藏在密西根大學圖書館。

報《Hong Kong Daily Press》發表文章。在他作東的聖誕派對上，外國人聊著台灣的種種，在一旁穿著白衣袍的淡水住民，忙著學習如何烤火雞，這些被雇為僕役的漢人，還梳著長長的髮辮。

十九世紀時，台灣島看起來像是外國人渡假的地方，當歐洲的探險家、生意人、傳教士等競相前往中國東部沿海城市，對於彼此的競爭、中國大都市繁忙的生活感到厭煩，於是，他們想看一看，與中國大陸一水之隔的福爾摩沙，想看一看風景，當然也想趁機做一點生意。這是法國國家科學中心研究員白尚德（Chantal Zheng）利用十九世紀法文文獻所溯得的結論：一百多年前的清領台灣末期，福爾摩沙已經是無數外國公司進軍中國大陸的跳板，在怡和洋行、寶順洋行、天利行等大膽的貿易公司的庇護下，頭一批在台灣停留的西方旅行家，他們想像中的福爾摩沙樂土，愈來愈具體化，經濟的企圖也愈來愈明顯，島上的樟木、硫磺井、煤礦和茶園所散發的氣味，令他們難忘……註1

　　一八七三年十二月二十四日，這是一場特別的耶誕晚會，淡水碼頭高掛著紅色燈籠，馬偕、陶德、史蒂爾開心地用英語交談，他們分別來自加拿大、英國、美國，在福爾摩沙淡水偶然邂逅。淡水的國際色彩，在這場耶誕餐會之前，已經有好幾百年的源流了。

　　一六二八年，隨遠征軍來到淡水的第一批西班牙人裡，有一位負責宣教的多明哥會馬地涅（Bartholome Martinez）神父，他在隔年遭船難溺斃，未留下文字紀錄。接下來來台傳教的愛斯基委（Fr. Jacinto Esquivel）神父，在台灣停留的兩年期間（一六三一至一六三三年），與淡水住民互動得不錯，蓋了兩間教堂，更重要的是他在一六三二年所寫的兩份報告：〈有關美麗島事物的報導〉、〈有關美麗島信仰轉變的情形〉，替十七世紀初葉淡水住民的生活與社會，留下了珍貴的圖畫：

　　——果樹豐盈：淡水一帶種植了許多桃子和柑橘。

　　——與中國人的貿易：淡水一帶有一種塊根植物，用來當作漁網和染料。在中國，這種塊根植物，一擔可以賣到四、五兩錢的價格，可是呢，中國生意人不想讓淡水人知道這種植物富有利潤，祇拿一些不值錢的小石頭、小鈴鐺來和淡水人交換。

　　——藤：在中國，一擔藤可以賣到二至三兩的價格，Senar社人使用藤和外界交易。

　　——鹿皮：報告裡未提到鹿皮的價格，不過，鹿皮值錢，Senar社人也使用鹿皮和外界交易。Senar社人還沒有使用銀幣，仍停留在以物易物的交換方式。

　　愛斯基委神父原本並非想到台灣宣教，他為了伺機潛向日本傳

教，因此暫時待在台灣等待機會。他停留在淡水的兩年期間，一直試著和淡水的原住民Senar社的村民交往，據他的描寫，Senar社是由八到九個小村莊所組成，西班牙人進佔淡水後，Senar村民逃往內山，西班牙人想教他們搬回淡水，合組成一個村莊，其中一個目的，是希望他們繼續穩定耕作，種植外邦人需要的糧食。不過，西班牙人的如意算盤並沒有那麼順利，原來，Senar社村民並不懂得用牲畜耕作，辛苦靠人力農耕的結果，使得收成有限，僅夠三餐餬口，根本沒有多餘的稻米能夠販售給西班牙人。福爾摩沙原住民懂得使用家畜農耕，必須等到荷蘭人治台之後，從印度引進母牛，台灣才開始有畜牧業。

西班牙人佔領淡水的十年間（一六二八至一六三八年），約有五百人住在台灣。看得出來，西班人對淡水人比較有好感，這可以從愛斯基委神父對淡水情有獨鍾，主張將淡水列為第一優先傳教地區的事例得到佐證。不過，Senar社人也並非等閒之輩，在西班牙人統治淡水的十年間，殺掉了好幾位西班牙的宣教師。第一次事件發生在一六三三年，西班牙宣教師伐愛士（Francisco Vaez）跑到別的村莊傳教，暫時不管Senar社人；沒想到，Senar社人一氣之下，竟將伐愛士殺掉了。另一次事件發生在一六三六年，Senar社原住民因不滿西班牙人的課稅——每年對已婚的淡水住民課徵家雞兩隻和稻米三石，選在一個夜晚對西班牙城寨發動攻擊，殺害西班牙人的人數在三十至七十之間，裡頭有兩位就是宣教師呢！

西班牙人離開淡水之後沒多久，荷蘭艦隊大舉開進台灣海峽。荷蘭人殖民淡水始自一六四一年八月，今天的紅毛城，是在一六四二年八月，也就是荷蘭人佔領淡水一年之後，為了讓硫磺生意不至於受到

淡水原住民的破壞，選在西班牙的舊城遺址蓋新的城寨，一個半月就完工了，取名為Anthonio，也就是當時荷印總督的名字。

很會做生意的荷蘭人，眼光不只放在台灣。一六四四年，李自成攻下北京，中國戰亂愈演愈烈，腦筋動得快的荷蘭人，立刻把大量硫磺賣給中國，讓中國人製作火藥。對荷蘭人來說，硫磺是個「蒸蒸日上」的貿易項目，發財夢，催促著荷蘭人加緊腳步在北台灣探查。硫磺生意進行了沒多久，和原住民、中國商人混熟了之後，荷蘭人打聽出來，北台灣不僅饒富硫磺，還藏有黃金呢！修築淡水城，目的就是為了穩步踏上淘金路。

荷蘭治台的同時，東印度公司在全球有二十家公司，其中，設在台灣的是第二家會賺錢的公司，據《China's Island Frontier》書裡的描寫，東印度公司從台灣出口的是鹿肉、糖和竹子。西元一六三四至一六六一年間，台灣島每年可產六萬八千張鹿皮，其中四分之三

普羅旺斯大學教授白尚德（Chantal Zheng）跑遍法國圖書館尋找十九世紀西方人到台灣的遊記，寫出了受好評的《十九世紀歐洲人在台灣》。

輸往日本。台灣島上產的糖，經由東印度公司賣往波斯。

　　既要採硫，又要修城，準備淘金，荷蘭人真的是必須久駐淡水。為了能有新鮮食品，不再完全仰賴船艦的補給，荷蘭人允許中國人在淡水住下來，從事貿易、發展農作。荷蘭人殖民淡水所留下的文字紀錄，是位居淡水雞籠地區主管的西蒙・奇德科（Simon Keerdekoe）於一六五五年時，呈給巴達維亞城總督Joan Maetsuyker的報告書〈關於淡水河、雞籠港灣，暨公司當地現存城砦、日常航行所經番社等情述略〉，荷蘭人堡壘（即今之紅毛城）和漢人居住區之間，隔著一條小溪，原住民的村社分布在附近。此時的淡水已初具街市的規模，有病院、打鐵店，荷印公司的庭園。

　　和西班牙宣教師留下的文獻相比，荷蘭人對淡水的感情似乎不深，並沒有太多超過西班人的記載。一樁發生在一六五一年的意外事件，讓荷蘭人吃足了苦頭。那是發生在九月的事，一艘從大員開往淡水雞籠的補給船Amsterdam號，在途中遇到強烈風暴，被迫開往澳門，使得淡水雞籠的荷蘭人，生活物資嚴重缺乏。西蒙・奇德科自己也曾遭到意外，一六五二年八月時，他從雞籠搭船前往淡水，途中遇到強風，整艘船被吹去大員。

　　雞籠與淡水之間，內陸路線並不好走，兩百多年後的馬偕、英國稅務官、來台刺探的日人樺山資紀等，也是選擇水路。水路並不寧靜，西班牙人佔領北台灣時候如此，荷蘭人來了之後，烽火加劇。

　　一六五五年九月，淡水河南岸的八里坌社（Parragon）、南崁社（Parkoutsie）、竹塹社（Pocael），不堪荷蘭人長期的欺侮，竟聯合起來叛亂，殺死了荷蘭翻譯官和三名士兵。隔了沒多久，淡水

的Chinar（即Sinak，林子社）和聚落規模較小的Rapan社，不僅放火焚燒漢人居住區，也對紅毛城發動攻擊。這場騷亂一直持續到隔年九月，荷蘭人從大員調兵支援討伐，淡水才稍微恢復平靜。沒想到，一六五九年，位於武勝灣河岸、淡水河南岸的竹塹社蠢蠢欲動，荷蘭人再度從大員調軍隊來支援，將竹塹社全村燒成灰燼。

一波未平，一波又起。到了一六六一年，雞籠和淡水的馬賽人Basayers群起反抗，在荷蘭人居住區、漢人居住區發動縱火攻勢，到了十一月，荷蘭人知道再也無法平息原住民的叛亂，決定棄城逃走，臨走之前不僅放火燒燬淡水堡壘，也將無法帶走的大砲予以擊破。荷蘭人正式結束在台的殖民統治，是在一六六八年十月，荷軍撤離雞籠，用火藥爆破自己搭蓋的城寨。當初吸引荷蘭人來台灣做生意的硫磺，將近半世紀後，荷蘭人用硫磺所製成的火藥，結束了他們的福爾摩沙夢。

「淡水」地名的由來

西班牙人、荷蘭人相繼離開淡水之後，清領台灣的過程遠比西、荷複雜許多，比較清楚的架構，就是由南而北，鄭經的政經重心在南台灣，對北台灣充滿了可怖的印象，清朝人對淡水的初步觀感，並不像葡萄牙人、西班牙人一樣，立刻發出美麗之島的詠嘆。早期清朝文獻裡關於北台灣淡水一帶的描述，其實還滿可怕的，第一位親臨淡水而留下文字紀錄的，應是康熙年間到北投採硫磺的郁永河。不過，關於「淡水」地名的由來，必須回到中國明朝瞧瞧。「淡水」一地名首先見諸史冊，已有四百五十年左右的歷史了。

隆慶初年，中國朝廷重開海禁，雞籠、淡水也在商舶開禁之列，漳州、泉州一帶的商賈舟人前往北台灣從事貿易，漸漸頻繁。明朝顧炎武所著《天下郡國利弊書》〈漳州府志〉裡有一篇〈洋稅考〉，記錄了萬曆年間，前往雞籠、淡水貿易的漁船賦稅情形，前往雞籠、淡水貿易的漁船，比照前往廣東的漁船，每艘船徵引納稅一兩、水餉五錢，可見得在明朝萬曆年間，約西元一五八〇年代，漳州人前往淡水已是常態；至於每年約有多少艘船前來北台灣，也曾有研究指出，每年約有十來艘。

中文史冊裡最早關於「淡水」的記述，必須回溯到明朝萬曆四十六年、張燮所著的《東西洋考》，在卷五「東洋列國考」裡附有一篇〈東番考〉，記錄了北台灣的歷史圖像，關於淡水的風土民情也有特別的記述：

雞籠山、淡水洋，在澎湖嶼之東北，故名北港，又名東番云。深山大

淡水是台灣歷史的縮影，鎮上處處皆逢古蹟。

澤，聚落星散，凡十五社……其地去漳最近，故倭每垂涎……

交易：夷人舟至，無分長幼皆索微贈。淡水人貧，然售易平直。雞籠人差富而慳，每攜貨易物，次日必來言售價不準，索物補償；後日復至，欲以原物還之，則言物已離，不肯受也……至商人上山，諸所嘗識面者，輒踴躍延至彼家，以酒食待我。絕島好客，亦自疏莽有韻。

台灣人好客，並非二十世紀下半葉外國觀光客的評語，早在四百年前，赴台海圍剿倭寇的明朝人士，來到北台灣受到當地住民的「款待」，早早就有好客的親身印象。有趣的是，比起港口位置顯著、住民顯然見識較廣的雞籠來說，淡水顯得較為閉塞，雞籠人比較會耍詐，甚至帶點小氣，這是西班牙人也分辨出來的差異。淡水人做生意比較平實，甚至給人留下「淡水人貧」的記載。貧，不見得是生活條件的貧瘠，而是每當有外邦船舶抵達淡水時，淡水人無論老少，都會去船上要點什麼，自然會給外人留下貧乏的印象。

深山大澤，聚落星散——深山，指的是噴發硫磺氣的璜山；大澤，意思就是淡水地區的一灣河口。雞籠港開發較早，以西班牙人進犯北台灣的例子來說，西班牙人於十七世紀初佔領雞籠港時，繪製了一幅彩色的「台灣島西班牙人港口圖」，對雞籠港灣附近的聚落分布、港道堡壘等，已有仔細的描述；可是，對於淡水，僅以Rio Grande（大河灣）形容。模糊的「大河灣」印象，如何蛻變為具體的字句描述，必須從散散渡海而來的明清人士所留下的中文文獻裡尋找軌跡。

從一六九七年四月起，郁永河在淡水河北岸總共停留了五個多月，大部分時間待在北投，停留在淡水的時間只有三十天，留下的文字敘述雖然相當少，卻是相當豐富且突出的憶寫：

蓋淡水者，台灣西北隅盡處也。高山嵯峨，俯瞰大海，與閩之福州府閩安鎮東西相望，隔海對峙，計水程七、八更耳。山下臨江啤睨為淡水城，亦前紅毛為守港口設者。鄭氏既有台灣，以淡水近內地，仍設重兵戍守。本朝內外一家，不虞他寇，防守漸弛；惟安平水師，撥兵十人，率半歲一更，而水師弁卒，又視為畏途，扁舟至社，信宿即返。十五六年城中無戍兵之跡矣！歲久荒蕪，入者輒死，為鬼為毒，人無由知。汛守之設，特虛名耳！

歲久荒蕪，入者輒死，為鬼為毒，人無由知。鄭氏領台之後，重心放在南台灣，淡水、雞籠淪為流放罪人之地，難怪郁永河會用這些可怕的字眼形容淡水。郁永河出入淡水期間，遭遇不少的驚險：郁永河於四月抵達淡水時，先住淡水，然後搭船去關渡，住進淡水社長「張大」替他搭蓋的茅廬。八月時，颱風把他的茅廬夷為平地；郁永河只好回到淡水，借住在張大的家裡。沒多久，再度遇到颱風，被迫走避到二靈山（不知現址在哪裡），直到八月中旬才住進北投一間新蓋好的茅屋。

清朝於一六八四年正式接管台灣，郁永河是第一位親履淡水並留下書寫紀錄的漢人，可惜，關於接待他的淡水社長張大，郁永河並未寫下隻字片語；他們倆人更曾在中秋節時，於沙灘上飲酒作樂，可惜

未因此而留下關於淡水風情的進一步記述。

　　清朝第一次設兵守衛淡水，始自康熙五十年前後（西元一七一〇至一七一二年之間），那是因為聽說海盜頭子鄭盡心潛伏在江浙交界和淡水一帶，於是，將佳里興的分防千總移駐淡水，實際上派駐的轄兵僅五十人而已，根據陳夢林在《諸羅縣志》裡的描述，水土不服的中國士兵，根本比不上明朝的漳泉商販，或者和荷蘭人裡應外合的中國採硫商人，這些士兵身處廣闊的淡水，「無事空抱瘴癘之憂，有事莫濟緩急之用」，對於淡水的瘴鄉惡氣，心裡怕怕的呢。清廷正式設置「淡水營」駐防淡水，必須等到一七一八年（康熙五十七年）。

　　在這期間，首次有中國來的政府官員千里迢迢到淡水視察，是在一七一〇年當上台廈道的陳璸，他「往返一千四百餘里」才風塵樸樸來到淡水，此次能夠成行，是因負有搜捕海盜頭子鄭盡心的任務，並非清廷已經對淡水有特別的規畫。

　　千里迢迢，費了十幾天功夫才跋涉至淡水的陳璸，「持糗糒，攜小帳房以隨，露宿風餐，不入邸舍，不受饋獻。每食一飯一蔬，或捐囊市酒肉以犒徒御。不設儀衛，寥寥數人。道旁觀者，莫不咨嘆。」堂堂台廈道，陳璸的低調作風，讓淡水住民開了眼界。陳璸向上級提出經理海疆北路的六條事宜，不外乎著重在防守與駕馭番眾，其中最特別的一條，是提出和興學教化有關的「立社學以教番童」，這是中國官員有意識將漢文化輸入台灣的濫觴。果然，五年以後，擔任北路參將的阮蔡文，不僅寫下了文學史上第一首吟詠淡水的漢詩，他還想出了吸引學童背誦四書的方法。

　　阮蔡文是第一位讓淡水住民見識到具有個人風範的中國官員，他

捐錢蓋廟、加重沿海防備，「鼠竊聞風遁去」，讓久居淡水的「山谷諸番」們產生耳目一新的氣象，欣喜之餘，「牛羊酒食繹絡於道」。阮蔡文最重要的事蹟，是他「召社學留童與之語，能背通四書者輒旌以銀、布」，能背通四書的學童，阮蔡文拿出銀、布作為獎勵，這是漢文化進入台灣的文化交流史上，相當重要而生動的開場。除此之外，阮蔡文還對淡水住民講解「君臣父子大義，反覆不倦，諸番皆感悅。」

墨西哥人開酒店，英國人在「小白宮」裡寫功課

一八四二年鴉片戰爭結束後，英國和中國簽訂了影響久遠的南京條約，中國被迫開放廣州、廈門、福州、寧波和上海等五個港口給外國人通商。那時期，居住在澳門、廣州等港口的外國人，對福爾摩沙的資料還相當的少，也很少有船隻往來的紀錄。

繼西班牙、荷蘭之後，儘管時序已進入十九世紀，歐洲國家向亞洲擴張，對福爾摩沙持續表露了不同程度的覬覦，早在一八三〇年，四十七位居住在中國的英國國民，聯名簽署向眾議院陳情，希望英國能拿下台灣。當時在台灣有一位關鍵性的英國人，是一位真正在台灣進行過貿易的渣顛（William Jardine）醫生，也是在廣州的怡和洋行（Jardine & Matheson）的創始人之一，聽了許多英國同鄉對福爾摩沙的讚美，決定親自前往美麗島考察。他認為英國應該拿下三至四個島嶼——福爾摩沙、金門、廈門和珠山，作為向中國談判的籌碼。

說英語的渣顛醫生，和早他兩百年、說西班牙語的愛斯基委神父一樣，都是對福爾摩沙情有獨鍾的外國過客。幾百年前，「聞香而

來」的歐洲人，受到胡椒、丁香刺激，千里迢迢來到亞洲。他們可不會空手而回，在大航海時代裡，衛生條件的不便，換來的是貿易的驚喜交流與收穫，自十九世紀中葉起，淡水已經蓄勢待發，慢慢開始展現她的貿易潛力。琳瑯滿目的貿易項目，展現了一個「獨立的台灣人世界」，儘管過去幾百年裡，葡萄牙人、西班牙人、荷蘭人前仆後繼而來，採硫淘金，攻伐不斷，西人來來去去，不變的是居住在淡水的早期台北人，一樣織布、採藤，一樣從事鹿皮的交易，偶而被中國來的貿易販子欺騙，這就是西方歷史學者所説的「歷史的常數」。不變的，是在地台北人的日常作息：與觀音山對望，呼吸淡水河飄來的異國空氣。一旦時序進入十九世紀中葉以後，「歷史的常數」將更加清楚，早期台北人的生活品，英國税務員在淡水小白宮的官邸裡，一項項寫下來，未受西洋人來來去去影響的「獨立的台灣人世界」，體現在那些英文寫的報告裡，因為，大部分貿易項目，到現在還跟迪化街南北貨裡賣的，一模一樣！

老一輩的淡水人聽説過，一百多年前的清代，一個叫作Pedro的墨西哥人在淡水開酒店，供外國人住宿。他與平埔族原住民所生的兒子畢金桂，是淡水耆老口中的「畢公」；父子兩人的墓碑仍安置在淡水中學校內。他們不是歷史名人，但許多十九世紀來到台灣的外國人，都曾下榻他開的旅館、或向他租船。當時會來台灣的外國人以商人、傳教士與記者居多，陶德是待得最久的幾個歐洲人之一，他深入民間，他的角色大過於西方國家正式派駐在淡水的領事。初抵福爾摩沙時，島上的中國人給他很大的阻力，甚至想把他抓起來，但陶德滿勇敢的，後來贏得本地人的信任，他曾和原住民一起去打獵，中法基

隆戰役時，曾奮勇游泳救法國人。

　　二○○五年十月重新開放的紅毛城，幾百年來訴說著福爾摩沙島上曾經發生的多國文化交響，台北縣政府將淡水古蹟整合為「淡水古蹟園區」，其中，首度對外開放的是位在真理街上一幢白色建築，離紅毛城祇有五分鐘的腳程，這棟淡水人口中的「小白宮」，曾傳出鬧鬼，也曾一度落魄為學生宿舍，十年前差點被拆掉。

　　「小白宮」正式的名字是「前清淡水總稅務司官邸」，也就是日治之前外國稅務員的駐淡水官邸，十九世紀英國殖民主義落腳亞洲的有形象徵，在印度、鼓浪嶼等地都有殖民者企圖當成「第二個家」的

清末英國稅務員在淡水的官邸，暱稱為「小白宮」，經整修後於2005年重新開放。

洋人別莊，四周有類似迴廊的涼台，建築物的立面有弧形拱圈，房子裡有壁爐、落地窗，建築樣式多半和「小白宮」很像，外國人將這種別墅稱作Bungalow，自清末以來的台灣人稱呼它是番仔樓，「小白宮」因為有白色牆體，因而獲得帶點浪漫色彩的別稱。

曾經住過小白宮的英國稅務員，可都不是什麼泛泛之輩，他們大多都是經過嚴格挑選的牛津、劍橋畢業生，從一八六六年至一八九五年為止，離鄉背井來到福爾摩沙，曾駐紮淡水的有二十三位。他們執行稅務員日常的登記作業，從淡水運往中國沿海、歐美城市的貨物，像是樟腦、茶葉、鳳梨、鹿皮、煤礦等等，每年有統計，年度有報告。從歐、美開往台灣的船隻上載了多少的鷹牌煉乳、棉衫、胡椒罐等等民生用品，也都一一留下記錄。

有趣的是，明明是清代台灣，為什麼稅務司是由英國人坐鎮，為什麼不是清代官員來台灣收稅？原來，在十九世紀中葉以前，中國迫於南京條約而開放五口通商，一八五三年發生小刀會之亂的時候，居於中國最大對外貿易口岸的上海關遭到嚴重破壞，使得上海關無法正常課稅，當時正需要關稅來應付軍需的清廷，為了平息太平天國之亂，根本無暇他顧，正好先前訂的南京條約裡有一則規定，英國方面得以派遣海關稅務司監督中國海關，確保關稅正常課徵。有了這條規定，中外雙方達成共識，自一八五八年起，改由外國稅務司監督中國海關的稅收。

一八五八至六〇年間，受到天津、北京條約簽訂的影響，台灣正式開港，淡水關、台灣關（在今台南）分別成為中國的第十二、十三個海關，這就是淡水稅務司官邸於一八六六年興建的由來。清廷雖然

需要關稅來應付軍需，但朝廷自身難保，根本沒有經常性地整理、出版海關資料。由英國人接手之後的海關作業，受惠於稅務員的學院訓練，意外替當時仍隸屬於中國海國的淡水，留下豐富的資料。

淡水關設於一八六三年十月一日，自一八六五年之後開始有由英國稅務司進行的貿易統計，一八七五年之後開始有更為詳盡的文字敘述貿易報告。這方面的史料過去並沒有整理、翻譯，「台灣銀行研究叢刊」曾翻譯出版過一八八二至一八九一年的十年報告，那是因為各海關的稅務司從一八八二年起，除了逐年的例行報告之外，必須每十年向上海總稅務司提報一份十年報告。至於一八七五至一八八二年間，淡水關到底做過哪些進出口貿易？過去並不清楚，直到九○年代，中研院台史所籌備處有計畫著手編輯，由近史所研究員林滿紅蒐集彙編，才有了一九九七年出版的《清末台灣海關歷年資料》，被視為台灣研究之寶。

這二十三位曾住過小白宮的主人，英國人居多，美國人也有，較著名的是一八九一年擔任代理稅務司的夏德（Hirth Friedrich），從海關工作退休後，是美國哥倫比亞大學第一位漢學教授，寫了十多本關於貿易史和藝術史的書。從一八九二至九五年間擔任署理稅務司的馬士（H. B. Morse）畢業於哈佛大學，他是中國研究的先驅，曾教過鼎鼎大名的費正清，對二次戰後哈佛學派的中國研究具有很大的影響。

曾經住過小白宮的英國稅務員，雖然不像史景遷《追尋現代中國》裡那十六位洋顧問一樣，具有驚天動地的改變台灣的作為。比起和他們一樣，同時代在淡水活躍的外國人馬偕醫生、茶商陶德來說，這些稅務員和一般台灣人的接觸並不多。可是，日治以前長達三十年

屬於殖民地建築風格的「小白宮」，圓拱形的走廊見證了淡水的歷史交響。

左右的時間裡，他們仔仔細細記下的徵稅物品項目，就史料而言，提供了經濟史絕佳的素材；就庶民生活而言，他們替清末台灣人日常生活的食、衣、住、行、育樂，提供了有跡可尋的還原。

細讀報告，發現清末台灣已經是一個高度貿易取向的經濟體，許多「台灣特產」都出現在海關資料的出口項

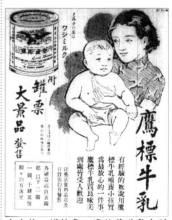

小小的一罐煉乳，濃縮著洋貨來到台灣的變遷，圖為日治時期《台灣日日新報》上醒目的煉乳廣告。

目裡，從樹皮、竹筍、牛骨、苧麻、龍眼、藥材、米，到魚翅、牡蠣都有；而一兩百年來從中國進口來的「華貨」食品，其實大部分和現今迪化街南北貨店裡的擺設，大同小異，包括燕窩、魚翅、人參、火腿、紅棗、蓮子、香菇、瓜子等，還有來自天津的中藥藥材。從歐美輸入的食品項目裡，較特別的是鷹牌煉乳、胡椒、香料；即使到了日治時代，鷹牌煉乳仍是《台灣日日新報》的洋貨廣告裡最醒目的一項。林獻堂在《灌園先生日記》裡也提過，台南一位叫作林澄水的人士，在一九三〇年代初的一天，特地去霧峰拜訪，目的就是為了宣傳「鷹標煉乳」。

衣著布料的進口也是琳瑯滿目，有從寧波、上海運來的棉花與土布，從天津進口的羊皮件，從汕頭進口的簑衣，來自英國的洋貨種類也很多，像是白衫、夾衫、內衣、毯子、染料、棉紗等。

關於居住的材料、裝潢與擺設的進口項目也相當多元，建材大部分從福州、廈門進口，包括磚瓦、木材、花崗岩、陶瓷，其他還有掃帚、燈、漆器、草蓆、石磨、肥皂等等。其他從國外輸入的洋材還包括了鐵、鉛、錫、火柴、煤油、玻璃等。錫的進口一直居高不下，因為輸往國外的台灣茶葉，在當時習慣以錫罐包裝。

樟腦一直是輸出的大宗，一八七七年的報告曾提到，香港的需求大於台灣本島，稅務員還寫道：台灣人太會砍樹了，為了取得樟腦，連樹都砍掉了。「下一代很可能會因為樹木減少而遭殃呢！」。

牛車、民船是清末台灣人普遍搭乘的交通工具，也有從國外進口的情形；至於每年有多少艘輪船、中國式帆船停泊在淡水港，稅務司也留下統計。

　　育樂方面的引進更富有文化史的意義，南台灣早在一八六五年，一年之內從大陸進口了兩萬多冊的書籍，以台灣當時的人口數來揣想，兩萬多冊還真是不少的數量呢。

　　以貿易對象來說，英國貨佔了大宗，例如，一八七七年，淡水關進口貨品的淨值是2,749,755，其中，八十三％來自於英國，德國佔第二名。淡水稅務關所徵收到的稅金，約有八十％是英國船隻所繳納的。

　　這些富有學養的稅務司，他們在年度報告裡撰寫的風土民情也有助於對清末台灣人生活的想像，舉例來說，台灣當時的食鹽必須從大陸進口，戎克船習慣從中國大陸載豬、紙、鹽到台灣，待卸貨之後，再載煤礦回去中國。有趣的是，一八七七年時，載鹽到基隆的船並非來自大陸，而是外國船載來的，那是因為當年中國發生水災，晉州一帶許多裝鹽的工作站遭到沖毀，台灣府道台臨時調度，他請了好幾艘外國船隻前往中國載鹽到基隆，空船返回中國的船隻，再載送清廷需要的煤礦。

　　在十九世紀，福爾摩沙已經是無數外國公司進軍中國大陸的跳板，在怡和洋行、寶順洋行、天利行等大膽的貿易公司的庇護下，頭一批在台灣停留的西方旅行家、生意人，他們的經濟企圖愈來愈明顯。逐浪而來的外國人裡，幸好有一批住過小白宮的英國稅務員，沐浴在觀音山與淡水河的山海氣氛下，穿過涼台、拱門，替台灣人留下了珍貴的生活紀錄。

從美國圖書館裡復活的淡水Party

幾年前，在一次偶然的機會裡，位於密西根大學的Bentley Historical Library發現了一位美國籍的自然學者史蒂爾留下的一份完整書稿，發現他曾在一八七三至七四年間來台灣探險，停留了半年的時間。他於一八七八年時，將半年的福爾摩沙採集經驗寫成一份書稿《Formosa and Its Inhabitants》（福爾摩沙及其住民）。密西根大學的考古學教授亨利·萊特（Henry Wright）將這個難得的好消息通知中研院史語所研究員李壬癸，這份書稿終於得以在二○○二年，由中研院出版英文原件。

一八七三年八月，史蒂爾抵達香港，他來自上一趟旅程地秘魯，在海上漂流七十二天才抵達東方。他並沒有按原訂的計畫直接前往菲律賓群島，原因是他必須等待從家鄉美國寄來的信。

等待期間，也是可以四處看看啊！史蒂爾決定去福爾摩沙走一遍，如不能從南到北走一遍，至少去已經開拓的地方看看。對自然科學的採集來說，「福爾摩沙許諾了幾乎是一塊全新的土地」，這是史蒂爾的初衷。

史蒂爾先去廣東發信給在台灣的商人和傳教士，在九月的第一個星期搭船前往廈門。在廈門的美國領事Henderson費盡千辛萬苦幫他忙，包括向清廷申請護照，他還說，萬一史蒂爾遭到生蕃砍頭，他一定會派一艘美國火艦去報仇。

史蒂爾將要搭乘的是固定在廈門和福爾摩沙之間通航的「海龍」號小汽艇，出發的日期因為颱風而耽擱了，「海龍」號沒辦法橫渡台

灣海峽。史蒂爾為了打發時間，在廈門逛魚市、古董店。為了前往福爾摩沙，史蒂爾僱了兩個中國人，一個身兼他的翻譯和僕人，另一個協助他打獵和採集，先前曾受僱於另一位德國的自然學家。

好不容易要準備出發了！史蒂爾是在傍晚時間登船，因為船是在夜間航行的。以下是筆者根據原件翻譯史蒂爾的部分航程回憶：

第二天早上，我們在福爾摩沙海峽裡搖晃、掙扎，東北信風吹得很強，一看到霧茫茫的天空和被浪花濺濕的甲板，我決定下樓去，在臥鋪裡度過很不舒服的一天。海浪好像沒有特定飄來的方向，而是不斷的升起，儘可能從每一邊衝撞我們這艘小小的船。小「海龍」上下顛簸如此厲害，以至於推進器看起來很吃力，我們好像只前進了一點點。還好，夜色降臨前，我們進入了淡水河口。

正當我們準備靠岸時，旁邊有一艘較大的中國戎克船準備擱淺，好多中國人在搶劫這艘被颱風吹垮的落難船。中國的海事法規定，失事的船在哪兒靠岸，船上的東西就歸那個岸上的人所有。

我們在跨越沙洲時遇到了一點困難，大約往前划行約一哩之後，將錨拋向一座已經解體的舊船，外國商人把舊船身當成了倉庫。河的兩邊是高聳的火山丘，覆滿了綠草和蘆葦。山腳下有一處中國人聚居的小鎮，河邊種著一排榕樹，山丘的懸崖邊有一排矮石牆，石牆的縫隙裡露出好幾個向外偷窺的大砲。

山丘上大約兩三百呎高的地方，矗立著一大堆石頭蓋的房，頂上有榕樹，還有一面飄在空中的英國國旗。我後來才發現，這是荷蘭人從前蓋的雕堡，牆非常厚，裡頭的房間卻小小的，已經有兩

百五十年歷史了。儘管外表有一些荒蕪，室內維護得還不錯，被用來當作英國領事館的辦公室和住所。

當我們靠岸時，一股濃濃的茶葉味從河邊一排矮房子迎面而來，原來那排矮房子是陶德洋行的英國商人們用來貯存和包裝茶葉的地方。房子的一邊堆著從中國種茶者那兒運來的，裝好茶葉的罐子；房子的另一邊，一群中國工人在製作鉛罐和木箱，好讓茶葉能裝箱上船。註2

回到淡水後，史蒂爾手中握著給馬偕的介紹信，直接前往馬偕的「總部」。

當晚，馬偕不在，三四個馬偕的學生負責接待他，他看到地上有幾份美國報紙，感覺自己又回到了文明的領域了。

第二天早上，好幾個中國基督徒帶領史蒂爾搭上小船，浴著淡水河，來到一處馬偕開的佈道所。那天剛好是星期日，史蒂爾和許多安靜的、注意聽講

塵封百年的史蒂爾書稿，經中研院台史所出版後，終於讓今人見識到十九世紀外國人的福爾摩沙見聞。

的中國人一起做禮拜。下午，史蒂爾和馬偕一起前往位在同一處河谷的另一個村落和佈道所，沿途，史蒂爾看到了稻田、橘子樹，而且，自從他到福爾摩沙旅行的這段期間，第一次看到麥田，由於時序進入十二月了，麥子正醞釀成熟。

史蒂爾在淡水停留了好幾天，他把在島內旅行所採集的標本，裝箱送上開往紐約的一艘英國船「前進」號（Onward）。史蒂爾和馬偕的跟班Onga也去了基隆，他注意到，本地人利用小船，不走海線，而是利用一條小河（應是基隆河），往來淡水、基隆之間運煤，相當頻繁。這種船長長窄窄的，船身較輕，足以應付急流。運煤的小船為了順應波潮，選在夜間出發，第二天早上，眼睛看到的就是寬闊的海域了。到了下午時間，史蒂爾發現自己置身在基隆河的上游，離基隆約有兩三里遠。這座四處都是岩石的小盆地，經過刻意的開鑿而呈現中空，當地人揹著籃子採煤，運煤的小船在河邊靜靜地等待。

史蒂爾聽說，在基隆的外國人不超過半打，他們聚居在港口的南邊，在基隆上班的稅務官Tituschkin和Land幫了不少忙。史蒂爾喜歡收集貝殼，基隆人幫他撿貝殼，他從口袋拿出現金買貝殼。

返回淡水後，史蒂爾跟著馬偕，在淡水附近逛了好幾趟，茶園的風景真漂亮，他寫道，「與黑黑綠綠的茶葉比起來，茶花顯得特別的大和白皙。」那是十二月下旬了，史蒂爾覺得可惜，來訪的季節不對，沒能看到如何採茶。

史蒂爾也去了溫泉區，他和馬偕搭船溯溪而上，即使距離溫泉還有好幾里遠，從河谷就可以看到冒著白煙的蒸汽。史蒂當然也泡了溫泉，一開始不太舒服，很快就通體舒暢，特別是當冷風經過時，溫泉

的感覺特別好。史蒂爾甚至還嚐了溫泉的味道，酸酸的，有點像醋。下山的路上，史蒂爾注意到沿途種了好多鳳梨，品質相當好，還出口到香港呢！

史蒂爾離開淡水之前的晚上，他和馬偕都被敲門聲吵醒，兩個人從傍晚起趕了約三十里路來找馬偕，他們來自Sinkiang，馬偕在那兒有一位助手，沒想到那位助手連同好幾位村民，都被生蕃殺害。他們的頭被砍下，屍身仍躺在發生砍殺事件的山路上。跑來報信的兩個人是馬偕的學生，接下來的夜裡他們仍舊難過地哭泣。隔天一早，馬偕遣送他們回去，送給他們幾塊錢，囑咐他們將屍體妥善埋葬。

對西洋人來說，沒有比聖誕節更重要的節日了。史蒂爾和馬偕都被邀請去英商陶德的家參加聖誕晚會，史蒂爾在他的手稿裡，生動地記下了當天的盛會：

馬偕、我以及另外幾個外國人，受邀到陶德的家裡參加聖誕晚宴，陶德家位在河的上方，我們搭了一段船才到達。一上岸，沿路掛著中國燈籠，屋裡的主桌上擺著火雞、烤牛肉、布丁，布丁上灑著從英國來的罐頭葡萄乾，牛肉呢，是從香港用冰塊凍著來的。一旁著白長袍的中國僕人，安靜地看著我們，晚宴後我們盡情唱著英文歌……

陶德的宅第雖然離馬偕的住處不遠，但也必須搭船，沿著河的上游而去。一抵達，史蒂爾發現很亮眼，原來是天花板和地面上都裝飾了中國式的燈籠，進去房子裡，發現客廳一張主桌上擺著英國式的聖

誕大餐，有火雞、烤牛肉、乾果布丁，布丁是從英國運來的罐頭食品，烤牛肉則是從香港進口，沿途還有冰塊保鮮呢。要不是身旁站著的是穿著長白袍的本地僕人和侍者，手裡握著垂到地面的黑色玻璃球桿，還真讓人以為是在美國的家裡過聖誕節呢。

晚餐後，西洋客人們盡情唱著英國歌曲，史蒂爾認為，這情景也許給在一旁的中國人得到證明，原來這些西方人不過虛有其表，骨子裡和野蠻人沒什麼不同吧，一旦逮到機會，馬上露出真面目。史蒂爾還認為，儘管中國人接觸西方人已經有好幾代的時間，多少有一點新的適應，不過，中國人站著時動都不動的樣子，幾乎沒有變過。

祇要有一群英國人在的地方，無論天涯海角，他們都不會忘記賽馬。史蒂爾搭船南下去打狗時，船上有一群準備去廈門賽馬的英國商人，船上還載了幾隻小馬呢，為了怕牠們暈船，還用大箱子固定得好好的。那趟沿西海岸南下的旅程，風浪不小。

日人治台第一任總督樺山資紀，牡丹社事件前一年實地來台踏查。

27

樺山資紀日記裡關於東北角、宜蘭一帶的風土描寫，已成了解早期東北台灣的歷史文獻。

除了早期偶爾出現美國商人力陳併吞或租借台灣的呼聲，基本上台灣海峽上進行的「砲艇貿易」重在通商利益而非武力據台。但是，晚馬偕一年、在一八七三年申請前來台灣踏查的一位日本軍人，他的造訪促使台灣歷史後來發生重大的轉折，恐怕不是招待他住宿、幫他開船當嚮導的Pedro所能想像。

偏離清朝中國的歷史航道

一八七〇年代，清朝對台灣可說是鞭長莫及，放任不管。一八七四年發生的牡丹社事件，是近代日本第一次對外用兵，促使清廷比較注意台灣。而對明治政府來說，準備征討的對象台灣，到底島上住著什麼樣的人？有怎麼樣的風土民情？他們並不清楚，有如要打

一場看不見敵人的「異形」戰。

在牡丹社事件之前一年，受「台灣出兵」任務委託，來台灣踏查的日本陸軍少佐，就是後來乙未割台時，從清廷代表手中接收台灣的首任總督樺山資紀。在當今中國大陸的台灣史學者筆下，樺山從事的只是刺探性的間諜活動，但對台灣人而言，根據樺山踏查日記所寫的《樺山資紀蘇澳行》註3，重現了十九世紀台灣人生活，特別是當時清朝政府漠視的宜蘭、以及放任不管的原住民，日記裡都有值進一步探查的線索。

樺山資紀和同鄉前輩西鄉隆盛、西鄉從道兄弟檔一樣，出身受海洋黑潮洗禮的九州鹿兒島，也就是明治維新初期野心勃勃的薩摩藩。他在日記裡寫道：「有朝一日，台灣若成為我邦的佔領地……」，反映了向外擴展日本領土的雄心，樺山資紀活躍於東京、清國，從許多跡象顯示，他是主張日本應佔領台灣的首腦人物。

樺山資紀自雞籠登陸，發現地形風土與家鄉鹿兒島相去不遠。他不僅住宿Pedro在淡水開的旅館，還向他租戎克船，從淡水出發，航行東北角，在烏石港登陸。他在頭圍（現今頭城）市街所見，充滿了精采的庶民生活描寫，他形容女子以肥體者居多，婦人結長髮，男子束髮辮；他想吃魚，曾以鯉魚兩尾要求店家料理。到了宜蘭市街所見，也是婦人的裝飾比較華麗，小女孩皆穿紅布衣。

樺山資紀真正想認識的，是陶德輸往歐美的茶箱圖象上、傳說中凶殘的台灣「生蕃」。他透過Pedro的嚮導與原住民中懂得英語的通譯，餽贈禮物給原住民，瞭解他們平日生活與活動範圍。據他描寫，生蕃、熟蕃之間相處並不和諧，常有互相掠奪、甚至生蕃與清人間水

火不容的事情。樺山資紀頗能與原住民禮尚往來，有一次還居中調解生蕃、熟蕃之間的衝突，一位原住民寡婦甚至還爭取跟隨他的船去淡水。

　　樺山資紀在結束南澳旅行、返回淡水的那晚，整夜待在甲板上，他腦海裡所浮現的台灣，不會祇是陶德的茶箱上刻板的番害圖象，應該是那些撫摸日本鳴琴的原住民臉上的好奇神情。此刻的友好與文化交流，不代表能掩蓋彼時像霧社事件那般的侵略迫害。但在歷史的迷霧中，台灣島民曾很歡迎外國人前來，島上也有許多活躍的外國人：Pedro曾在淡水開旅館、陶德曾邀請馬偕到淡水碼頭參加掛燈籠的聖誕晚會，他們不像樺山資紀那麼雄心萬丈，樺山和他那群薩摩藩為代表的明治維新人士，悄悄將台灣的歷史開向偏離清朝中國的航道。

註1： 參見《十九世紀歐洲人在台灣》（台北：南天書局，1999），頁11-15。

註2： 史蒂爾於一八七八年根據旅行台灣所寫下的完整書稿《Formosa and It's Inhabitants》（台北：中研院台史所出版，2002），是繼馬偕的《台灣遙寄》之後，難得一見的十九世紀台灣人資料。本段譯自第一章，頁17-19。

註3： 樺山資紀的日記原稿一直存放在日本國會圖書館，淡江大學歷史系教授林呈蓉特地申請查閱，譯成中文之後由玉山社出版。

第二篇

日本漢學家的

中國羈旅與台灣時代

北京大學比較文學研究所所長嚴紹璗為了編著《二十世紀日本中國學總書目》，曾做過統計，在二十世紀的一百年裡，日本人總共出版了一萬八千本的中國古典人文學科著作，以每兩天出版一本書的速度、規模和熱情來傳達他們對於中國古典文化的興趣，在世界上恐怕沒有其他國家比得上。註1

日本的文明襲自中國，近代以來由於戰爭世變，中、日關係複雜糾結，西方漢學家獨立於東亞民族意識之外，他們出於興趣和執著，浸淫於漢學。日本漢學家的處境比較獨特，從江戶時代一直到戰後，他們的漢學體驗無法脫開中日關係的變化，不少漢學家將留學中國視為必要的文化體驗，其中，更有四位曾經在日治時代來過台灣──內藤湖南、久保天隨、神田喜一郎、鹽谷溫，分別有過他們的「台灣時代」。

日本文部省派去中國的第一個留學生，是京都大學第一代漢學教授狩野直喜（1868

~1947），他是在一八九九年前往中國，沒多久便遇上了義和團事件，一度被包圍在東交民巷的日本公使館內。狩野直喜替京都大學開創了有別於東京大學的漢學權威，他和經濟學教授河上肇、哲學教授西田幾多郎，並列為京都大學輝煌時代的代表。與狩野直喜同為京都大學第一代漢學教授的內藤湖南，個人經歷複雜許多，他們倆成長於明治中期，做學問的態度出自於對江戶漢學的反叛，主張將中國作為中國來對待，不要再以日本式的解釋來理解中國。

內藤湖南（1866~1934），本名虎次郎，字炳卿，號湖南，出身於德川後期南部藩的武士，祖父、父親都具有相當高的漢學素養，內藤從師範學校畢業後，擔任過好幾個具有國粹主義色彩報刊的記者，乙未割台前後，內藤擔任《大阪朝日新聞》記者，一度參與起草松隈內閣的內閣草案，是一個年輕的社會政治活動家。一八九七年，內藤來台灣擔任《台灣日日新報》主筆，僅待了一年就辭職回日本，換成在《萬朝報》

內藤湖南的〈楚山燕水〉是前代日本漢學家遊歷中國的重要文獻，中譯文收錄在《兩個日本漢學家的中國紀行》一書裡。

當記者,一八九九年,他以新聞記者的身分去中國遊歷,廣泛蒐集有關中國歷史和文化的資料。

明治以降的漢學家不喜歡閉門造車,他們經常前往中國遊歷,注重「文化體驗」。根據中國漢學學者的說法,內藤湖南是第一個親眼在北京看到甲骨文的外國人,一八九九年他第一次去中國,首站抵達天津,他透過天津《國聞報》記者介紹,認識嚴復,當時嚴復剛譯完《天演論》,內藤向他打聽,他即將去北京,「京中有可與談時務者乎?」,嚴復的回答並不讓他意外:「政變以來,士大夫鉗口結舌,安有言時務者,仆不知也。」註2 戊戌政變剛過,知識分子不敢多言,不過,內藤第一次的中國旅行收穫不少,他結識了金石學家羅振玉、後來主持商務印書館的張元濟、翻譯家嚴復。日本漢學家和中國文人開始交往,從內藤開始有了清楚的脈絡;辛亥革命後,王國維、羅振玉選擇京都作為流亡地,一大原因就是出自於狩野直喜、內藤湖南對他們的照顧。

一九○七年以後,內藤停止了政治社會活動,在京都大學主持了為期二十年的東洋史學第一講座,他和狩野直喜坐鎮於京都大學,培養了大正時期以後的年輕漢學家,從京都百萬遍一家中國料理小店「桃園亭」開始摸索學中文的漢學家吉川幸次郎(1904~1980),不僅是第二代京都漢學家的代表,他因為想當一個中國人而全面中國化──穿中式長袍、學吃中國菜的「文化體驗」,在普遍仇視中國、輕蔑中國的一九二○年代日本,實在是一個少見的特例。

出身於神戶商人家庭的吉川幸次郎,從小常在神戶南京街聽到華僑說中國南方方言,對中文的語調並不陌生。他從一般中產階級的家

從清末到戰前，日本人留學中
國時寫下的日記文獻，近年來
逐漸推出中譯本，圖為吉川幸
次郎的《我的留學記》。

庭讀物《有朋堂文庫》裡培養了對中國
文學的喜好，和他一起前往中國留學的
小川環樹（1910~1993），家中兄弟
從小也是《有朋堂文庫》迷。小川環樹
的哥哥是大名鼎鼎的日本諾貝爾物理獎
得主湯川秀樹（1907~1981），他們
的父親小川琢治一樣任教於京都大學，
對中國歷史地理造詣頗深。湯川秀樹
曾開玩笑說，家裡只有他不是漢學家，
因為家裡另一個兄弟、與吉川幸次郎同
年生的貝塚茂樹，後來也以中國史家著
稱。

吉川幸次郎（中著白長袍者）茁壯於中國人最仇日、日本人最反中的
年代，仍能撐起「京都學派」的天下。

　　吉川幸次郎就讀京都第三高等學校時，一連串的際遇促成了他上大學後的選擇。他一年級時，偶然讀到一份剛創刊的《支那學》雜誌，由青木正兒（1887~1964）所寫的文章〈以胡適為中心的文學革命〉讓他印象深刻。畢業於京都帝大中國文學科的青木正兒，是最早將五四文學介紹到日本的漢學家，〈以胡適為中心的文學革命〉這篇文章從《支那學》的創刊號連載到第三期，日本人從青木正兒這一系列文章，第一次知道了魯迅的名字。青木在文章裡，將魯迅視為「有未來的作家」。另一位受到青木正兒文章影響的後起漢學家，是和吉川同時期前往北京留學的倉石武四郎（1897~1975）。

　　吉川每期都看青木發表的文章，二年級時主動寫信給他求教，青木鼓勵他繼續發展對中國文學的興趣，並且勸他學中文，於是，吉川開始向京都一位中國留學生張景桓學中文，「桃園亭」小店專門做京都四、五十位中國留學生的生意，吉川就在那裡上中文家教課。

　　青木正兒鼓勵吉川的「文化體驗」，包括實地去中國遊歷。吉川趁唸大學之前的暑假，利用在「桃園亭」學了幾個月的中文，果真去上海和蘇杭玩了二十多天，奠定了他說中文的自信，因自己姓「吉川」，索性自稱為江先生。回日本之後，吉川決定唸京大中國文學科，一度遭到同儕的勸阻，吉川常常憶起旁人勸阻他的話：「你還是不要做那樣的事吧……」，在輕蔑中國的大正時代，吉川仍舊決意做一名中國研究者，他自認為是對時代風潮的反叛。高中時候鼓勵他學中文的青木正兒，引介新學，反對儒學。吉川反倒想看看，被批判得一文不值的儒學，到底是怎麼樣的東西？他於是試著去讀《論語》。

　　日本漢學家的中國之旅，在中、日的文化交流史上是一段特殊

的時空體驗，內藤湖南的《楚山燕水》、吉川幸次郎的《我的留學記》，近年來都有了中文譯本，這些遊記記錄了日本人眼中的中國，也還原了從清末到戰前，藉日本人之筆所留下的中國文人生活片面。和吉川幸次郎一起去中國留學的倉石武四郎，也曾寫下珍貴的中國日記。

倉石武四郎的日記原本就以漢文寫成，全長兩萬八千字，始終沒有出版，直到二〇〇二年才有突破。首先是收錄在《中日文化交流史論集》（北京：中華書局，2002）裡的〈述學齋日記〉，這本書是紀念倉石武四郎的高足——東京大學名譽教授戶川芳郎七十大壽所編輯的古稀紀念論文集，論文集裡收錄了倉石武四郎的日記，由陳捷點校並且寫一篇介紹短文，日記約長四十頁，反映了一九三〇年代北京與上海的文化生活，以及民國年間中日學界交流的掌故。另一本以〈述學齋日記〉為主體的書，是由榮新江、朱玉麒輯注的《倉石武四郎中國留學記》，一樣由中華書局在二〇〇二年出版。

倉石武四郎（1897~1975）出生於日本新潟縣高田町，一九一八年考上東京帝大文科大學支那文學科，一九二一年畢業。他和吉川幸次郎一樣，受到了青木正兒創辦的《支那學》刊物的影響，他在畢業前一年讀到了青木正兒所寫的文章〈以胡適為中心的文學革命〉，決定轉學去青木所在的京都帝大。倉石武四郎轉學去京都帝大文科大學之後，在狩野直喜的指導下學習，一九二七年升任京都帝大文學部助教授。一九二八年，他以文部省在外研究員的身分到北京研究，和吉川幸次郎一起前往。他在北京的期間，廣泛接觸中國學者，他見過胡適、魯迅、陳寅恪，這使得他在一九三〇年回到京都之後，在京都帝

大開課講授魯迅的《吶喊》，這是日本大學選讀中國現代文學作品的開始。

吉川幸次郎以元雜劇研究著稱，自己畢生最喜愛的是杜甫，他也推崇新文學。內藤湖南專研清代史，旁及中國繪畫的研究，日本漢學家各有所擅，對中國的興趣都很廣，一個最敏感的題目，當然是伴隨著日本軍國主義的進展，這些「中國通」如何自處？推崇儒學的漢學家組成的「斯文會」，尊崇孔子，將儒學裡的「王道」思想「昇華」為軍國主義的擴張依據，這是回顧日本漢學在戰前的發展時，一道難以抹滅的晦暗記錄，其中，台灣第一位東京大學文學士林茂生的老師鹽谷溫，就是這一批強調大和魂的漢學家代表。

祖籍在靜岡伊豆的鹽谷溫（1867~1962），以儒學傳家，從小跟父親學漢文，在東京大學研究所階段，師事森槐南研究詞曲小說，並以公費留學德國，後於一九○九年前往中國，目睹辛亥革命前夕的中國。大正元年返回日本後，鹽谷溫在東京大學任教，林茂生就是他教過的第二屆學生。鹽谷溫曾在一九三六年底，應台北帝大的邀請來台講學一個月，當時林茂生已拿到哥倫比亞大學的博士學位，回來台灣，在府立台南高等工業學校（今之成功大學）當教授。恩師難得來台灣，並且巡迴演講，林茂生除了到台南車站接風之外，並未參加老師的公開演講，原因是鹽谷溫此行來宣傳忠孝一體的日本國體精神，呼應了他先前訪問滿州國時宣揚的王道樂土論，這實在不是林茂生能接受的事。

林茂生不願意響應披上軍國主義色彩的漢學思想，他單獨去老師鹽谷溫停留台南時住宿的知事官邸，贈送一首詩給老師：

不待經筵二十年，先生風格故依然，儒冠四代宗師器，來訪南溟化外天。

　　邀請鹽谷溫來台灣講學的人，自然也非等閒之輩。台北帝大東洋文學講座是日本漢學的「南進」支點，兩位主要的講座教授久保天隨、神田喜一郎同樣在一九二九年抵台，來台之前在日本學界已經都是叫得出名號的漢學家，吉川幸次郎曾稱讚神田是一個早慧的漢學家，祖父、父親皆工於漢詩。久保天隨來台五年後，因腦溢血死在台北，神田喜一郎教得很辛苦，因此想到請鹽谷溫來台灣幫忙補課。神田總共在台北帝大教了十六年，對台灣富有感情，喜歡以漢詩結交本地友人，基隆顏家的陋園、新竹的文化沙龍北郭園等，都有他親自拜訪留下的詩作。

　　漢學家不應該只是學院的專利，日本的情況也是如此，吉川幸次

日本第一位諾貝爾物理獎得主湯川秀樹（中），父親和弟兄都是漢學家，圖為京都大學舉辦的湯川百年誕辰紀念活動網頁，圖左為歐本海默。

郎生前，經常遇到有人問他：是誰讓您迷上漢學？吉川説道，作家谷崎潤一郎和芥川龍之介對漢文的喜愛和精深造詣，讓他一心嚮往。聯合文學出版翻譯家賴明珠精譯的谷崎潤一郎小説《春琴抄》，賴明珠在「譯後記」裡特別強調，谷崎援引《大學》裡的名句「緡蠻黃鳥」形容黃鶯啼聲，以及谷崎如何用李白的「靜夜思」做例子，説明古典文學的美感來源，都是從文學名著欣賞日本作家的漢學涵養的佳例。文學家之外呢？謙稱自己並非漢學家的湯川秀樹，對莊子情有獨鍾，他喜歡援引莊子介紹基本粒子概念；凡有人向他索取題字，他最常題的字，就是出自莊子的典故「知魚樂」。[註3]

　　日本漢學家的文化中國體驗，愈能獨立於現實中國之外，愈能有精采的花火綻放，這也是值得台灣思索之處，儘管台灣與現實中國的關係並不輕鬆、充滿變數，但是，台灣與文化中國的關係，確實存在著不變的常數，漢學，應該是其中最彰顯的部分了。

註1：參見《中日文化交流史論集》（北京：中華書局，2002）的序言，頁5-6。

註2：內藤湖南第一次遊歷中國之後所寫的見聞錄，已由王青譯成中文，收錄在光明日報社出版的《兩個日本漢學家的中國紀行》（1999）裡，這本書分為三大篇，第一篇〈楚山燕水〉是內藤的中國紀行；第二、三篇〈江南春〉、〈竹頭木屑〉是青木正兒的中國見聞。

註3：復旦大學出版的《對中國文化的鄉愁》（2005），書名來自吉川幸次郎一篇散文的標題，書中蒐羅日本漢學家孺慕中國文化的散文，除了一般人熟知的吉川幸次郎和青木正兒之外，最特別的是收錄了湯川秀樹和小川環樹兄弟的文章。

第三篇

晚清人物與台灣

——嚴復、譚嗣同、章太炎

二〇〇六年六月，作家華嚴女士在台北出版親自編選的《千心映影——華嚴影像自選集》，以一千多幀照片呈現生涯的回顧。華嚴本名嚴停雲，父親嚴琥是嚴復的第三個兒子。嚴復的後代在台灣落地思根的同時，不禁讓人回顧：晚清人物裡，哪些曾經到過台灣？

除了梁啟超來台訪問造成轟動之外，國學大師章太炎曾經流亡台灣，他因為發表排滿言論，經日本詩人山根虎雄介紹，於一八九八年十月到《台灣日日新報》漢文部擔任記者，僅停留短短七個月的時間，翌年五月他就渡向日本了。

章太炎對在台灣的日本官吏印象不差，不習慣的是資訊封閉，他曾寫信給汪康年，希望以台灣的報紙和他交換閱讀《昌言報》。甫在橫濱創刊的《清議報》，也有章太炎從台灣寄出的投稿，他署名「台灣旅客」，投稿〈答學究〉和〈客帝論〉兩篇文

章，也寫過詩致贈康有為，很顯然，章太炎的文字著述未因寓居台灣而中斷，短暫駐足台北的他，仍然藉通信投稿讓自己處在晚清知識圈的核心位置。

那麼，七個月的台灣經驗，究竟讓章太炎留下什麼樣的評語？在他自定的年譜裡，章太炎簡短寫下他的台灣感想：「臺灣氣候烝濕，少士大夫，處之半歲，意興都盡。」士大夫太少了，這是章太炎對台灣失去意興的主要原因，除了結識少數兩三位日本官吏之外，章太炎沒有台灣朋友，沒有一點點在地化的台灣生活點滴。

「戊戌六君子」之一的譚嗣同，甲午戰前來台灣遊歷，他的孫子譚訓聰曾在戰後來台灣教書，著有《譚嗣同年譜》。在維新運動裡，嚴復是最溫和、軟弱的一位，比起譚嗣同動不動揚言，不惜為了變法運動「殺身滅族」、「流血遍地」，嚴復一生的經歷又複雜許多，早在一八七四年就曾隨沈葆楨來台，他在年譜裡記下這一段短暫的台灣之旅：「測量台東各海口，並調查當時

嚴復，攝於五十三歲。

軍事情形，計月餘日而竣事」，當時十九歲的嚴復，因為軍艦實習的需要而來台調查，負有軍事任務，年少的他恐怕沒有料到：日後他將赴倫敦深造，譯出了引介西學第一本的《天演論》。

梁啟超、譚嗣同、章太炎、嚴復等晚清人物皆曾在有生之年來過台灣，他們之間擁有程度不一的交情，在這一群「台灣旅客」裡，嚴復因為三孫女嚴倬雲嫁給辜振甫，四孫女嚴停雲嫁給台灣的新聞人葉明勳，在晚清人物旅遊台灣的經歷裡，嚴復播下的枝葉最廣。嚴倬雲、嚴停雲的父親嚴琥的婚事，是嚴復最用心安排的一次，因為長子嚴璩僅生了兩個女兒，次子嚴瓛又過早去世，嚴復對嚴琥的求學、婚姻、仕途均格外重視。他託同為福州人的密友陳寶琛代為物色，陳寶琛遂將他的外甥女林慕蘭介紹給嚴家。林慕蘭是台灣「板橋林家」之後，屬於長房益記，父親林爾康娶的是陳寶琛的同父異母妹妹陳芷芳，一共育有三子二女，分別是熊徵、熊祥、熊光、慕安、慕蘭。

一八五三年，嚴復出生在福州，父親是鄉里間一位儒醫，不幸在這一年因霍亂傳染而去世。嚴復並沒有讓做女紅的母親失望，一八六六年，福州一個剛創辦的海軍學堂招生，考取第一名的就是嚴復。畢業後他在軍艦上實習了五年，去過日本、新加坡、遼東灣；一八七四年時，日本出兵台灣，清政府有了提防台灣的警覺，二十歲不到的嚴復就在那時隨沈葆楨來台灣進行軍事探測，僅停留一個多月。

嚴復的學生時代，中國不得不向西方國家打開門戶，清政府於一八七二年起派遣第一批留學生去美國，這一批為數一百二十位的「大清留美幼童」，包括了容閎、詹天佑、伍廷芳等；第二批留學生

的目的地是歐洲，學生都是出自福州船廠，嚴復就是其中之一，他在一八七七年啟程赴英國，和他一起去英國學習海軍駕馭術的十二個留學生裡，祇有他從來沒有去軍艦實習。在英國留學的兩年多時間裡，他去英國的法庭觀摩司法運作，開始接觸哲學著作，假日時常去清政府第一位駐英公使郭嵩燾的家裡暢談他對英國的觀察，郭嵩燾相當喜歡這位結為忘年交的小老弟，根據郭嵩燾日記裡的記載，嚴復當時已經動手翻譯《泰晤士報》的評論，作為翻譯志業的暖身了。

　　嚴復留學英國的兩年期間，接觸了達爾文、亞當斯密、孟德斯鳩、赫胥黎等被視為「資產階級哲學與社會科學啟蒙家」的著作和思想，促使他著手翻譯；不過，歷史從來沒有告訴我們：嚴復在英國那兩年，馬克思也在英國長期僑居，在嚴復留英的一八七○年代最末兩年，馬克思的《資本論》已出版了十多年，可是，嚴復始終未曾注意馬克思的存在。

《天演論》是西方社會科學思想在華文世界的第一本中譯暢銷書。

　　甲午戰爭是嚴復生涯的轉捩點，在這之前，他四次參加鄉試，四次都落第，科舉一途並沒有他的空間。具體發抒民權思想的譚嗣同，他鼓吹民權思想的論著《仁學》寫成於一八九六、九七年間，但生前始終不敢出版。而嚴復在甲午戰後陸續發表幾篇反對專制的文章，使得他聲名大噪。真正讓他成為家喻戶曉人物的，是一八九八年正式出版的《天演論》。向來目空一切的康有為，在梁啟超那兒看到《天演論》的譯稿，不得不承認嚴復是「中國西學第一者也」。

　　《天演論》是西方著作在中文世界裡的第一本暢銷書，魯迅說，他一有空閒，一邊吃花生米、辣椒，一邊讀《天演論》；「物競天擇‧適者生存」這句話裡的八個字，字字都成了「菜市場名」，胡適取名為「適」，陳炯明替自己下的號「競存」，新成立的學校命名為「競存學堂」，反映了這本譯作的流行。

　　《天演論》讓嚴復暴紅，不過，嚴復可不會一本書走遍天下，他持續翻譯了《原富》、《群學肄言》、《穆勒名學》等，他將《天演論》的手稿寄給在上海辦《時務報》的梁啟超時，見識到了梁啟超辦報的影響力，隨即在天津主辦《國聞報》；此外，嚴復先後主持復旦公學、安徽高等學堂、北京大學，於高等教育也有建樹，可是，他過度推崇袁世凱，不僅出任他的顧問，將外國報紙新聞譯成中文給他看，起碼譯過好幾萬字，作為《居仁日覽》的一部分；最後讓嚴復賠上清譽的，是他列名在袁氏復辟稱帝的籌安會裡。

　　嚴復並沒有勇敢和帝制畫清界線，只是採取消極抵制的態度。籌安會於一九一五年八月下旬成立，九月初，梁啟超就在北京英文《京報》中文版發表文章反對變更國體，梁啟超的文章讓《京報》全賣光

嚴復因為三孫女嫁給辜振甫，四孫女嫁給葉明勳，在台灣散播的枝葉最廣。圖為嚴復寫給子女的家書。

了，袁世凱急著想找一位聲望和任公相當的「碩學通儒」寫文章反駁，他託人拿一張四萬元的支票作為酬勞，請嚴復動筆，嚴復在寫給最親密的弟子熊純如的信裡提到，他婉拒了袁世凱。嚴復和袁世凱的交往，是他一生中最接近最高權力中心的時候，卻也從此開始，一步步走向了下台階。一九二一年，嚴復病逝在家鄉福州。

在一個東、西語言不容易交流的百年前國際社會，類似嚴復這樣的西學人士所能發揮的空間，比今人要放大許多許多倍。辛亥革命爆發後，嚴復用英文寫了一封長信給英國《泰晤士報》的記者莫里遜（G. E. Morrison），莫里遜接到之後，將整封信刊登在一九一一年十一月二十八日的《泰晤士報》，引起極大的迴響。不過，中、西學交流之際，不合時宜的例子也所在多有，清王朝覆亡之前，竟然想要製作「國歌」，委託在清華學堂的京劇專家溥侗（溥儀的堂兄）譜曲，至於歌詞呢？中、英文皆精的嚴復，自然是首選，不過，讓史

家意外的是，嚴復填詞的國歌「鞏金甌」，中文晦澀難懂，英文反倒簡明易懂。結果，嚴復在九月底赴禁衛軍公所定好歌詞的「國歌」，沒幾天就因為武昌起義爆發，成了大清覆亡的葬歌。

　　海軍出身的嚴復，「大清留學幼童」的身分開啟了他見識西方船堅砲利背後的思想基礎，他翻譯的書是中文世界裡最早的英譯暢銷書，不過，大時代不允許他局限在翻譯著述的工作桌上，受到盛名之累所參與的政治任務，反而玷污了他的西學貢獻。

　　曾經在辛亥革命前來台遊歷的晚清人物裡，擔負過軍事任務的軍艦實習生嚴復，譯出了「物競天擇，適者生存」的演化公式，這一句譯言太有名了，幾乎蓋過了翻譯出這句話的年代裡，真正的政治與世局變化，不是這八個「菜市場名」能夠概括承受得了的。

第四篇

多事當時月

——重晤梁啟超

乙未割台，台灣由日本統治五十年，晚清中國自此除了去了治台的實權，在福爾摩沙島上，現實中國退位，文化中國仍保有影響力。在這五十年當中，兩岸往來並未完全斷絕，台灣人向日本政府申請渡華旅券前往中國掃墓、經商、求學…等，在中日戰爭爆發之前，約略維持每年兩三千人的規模。中國人取道日本前來台灣，數目雖然極少，卻並非完全沒有，這些零零散散的個案，在日治前期來台的是因發表排滿言論，逃亡到台灣的章太炎。

章太炎來台灣的時間早了一點，一八九九年的台灣，日人治台第四年，台灣的士紳剛剛面臨說日文的新來政權，大多倉皇以對，大家族紛紛內渡中國以求自保，早就和盛宣懷、陳寶琛結為親家的板橋林家，選擇落腳漳州、鼓浪嶼，在一九一〇年代以後紛紛將子弟送往倫敦、東京留學。以《台灣通史》而留名的連橫，乙未割台時他十八歲，湊了

一點旅費之後內渡中國，短暫讀過上海的共學社，一八九七年就回到台灣。章太炎離開台灣的一八九九年，日人在台南創刊《台澎日報》，連橫進入報社當漢文部主筆，這是他一生新聞事業的起點。章太炎雖然沒有在台灣認識初出社會的連橫，日後連橫卻在《台灣通史》付印之前，邀請章太炎寫序，這恐怕是對台灣「意興都盡」的章太炎，始料未及的一次連帶，兩人甚且在同一年去世。

在日人殖民統治台灣的前期，不少台灣青年為了尋求文化中國的傳承，實地前往北京、上海留學，也有人摸索流離，難以定位。霧峰林家詩人林癡仙、林幼春在泉州一帶盤旋幾年後，終究回到台灣，逐漸成長的家族領導人林獻堂比較接近章太炎筆下的「士大夫」，出生於一八八一年的林獻堂，幼年正逢霧峰林家鼎盛時期，父親林文欽和下厝林朝棟俱為首任台灣巡撫劉銘傳推動台灣近代化過程中最得力的在地推手。身為長子的林獻堂，自呱呱墜地後就被族人

南強　林幼春

梁啟超相當推崇林幼春，兩人經常有詩作、書信往返。

寄予厚望，他曾在詩裡記下了欣欣向榮的童年環境：

　　憶自墜地初，家門多淑德，頭角頗崢嶸，豐姿亦歧疑，親友殷
屬望，鵬程謂無極……

　　鵬程萬里奠基於基礎的教育，秀才出身的林文欽，對長子林獻堂
的教誨格外用心，獻堂也不負父望，自七歲開始，在霧峰林家開辦的
家塾「蓉鏡齋」接受正規的儒家教育，老師是一位傳統學者何趨庭。
日人治台之後廢掉了清代的科舉，對台灣子弟來說，讀書，不再是為
了求取功名。當台灣子弟的求學方向，從科舉功名轉向學計帳、寫日
文信等較實用的學科時，林獻堂仍舊浸淫在漢學領域裡，他十七歲開
始跟隨白煥圃學經史，藉經史學習而形塑的民族文化歸屬感，始終未
因日人統治而稍減。

　　在日治前期，未受日文教育的台灣士紳，主要的新知來源仍靠
中文閱讀，以林獻堂為例，從海外訂購而來的報紙是他吸取新知的
管道，包括上海的《萬國公報》、戊戌政變後在橫濱誕生的《清議
報》、《新民叢報》，他甚至還讀過《民報》創刊號而初晤三民主義
的理論。這方面的新知來源，主要得歸功於林獻堂的堂侄林幼春，乙
未割台時，林幼春滯留在中國的時間比較久，比林獻堂更早接觸到來
自中國的改革思潮。當梁啟超在推動戊戌變法時，林幼春非常推崇，
待梁啟超著述愈來愈多之後，林幼春經常將任公的新書介紹給林獻
堂，對梁啟超提倡民權的種種言說，林獻堂一心嚮往。但，真正受到
任公的衝擊，卻是發生在一九〇七年，日本奈良的一家旅社裡。

林獻堂氏

帶領日治中期台灣人抗日文化活動的林獻堂，一生最崇拜的人就是梁啟超。

一九〇七年，林獻堂二十七歲，兒子陸續出生，他第一次前往日本，目的之一是準備將小孩送去日本讀小學。他心裡惦記著寓居日本的梁啟超，嚮往能親自拜訪見上一面。林獻堂直接去位在橫濱的新民叢報館，結果梁啟超不在。巧的是，林獻堂和隨行的秘書甘得中順道旅遊奈良，在住宿的旅館裡翻閱旅社登記簿時，赫然發現《新民叢報》發行人陳筸笙的名字。甘得中揣想，陳筸笙一定知道梁啟超人在哪裡，於是，甘得中請旅館的女侍帶領他上三樓，正在走廊上交涉，準備請女侍先拿名片去敲門時，突然：

正在談話間，室內突走出一位問何事，答以我台灣人，欲知梁任公先生行踪於潘陳二君。那位又問你找他何事。余說素讀他文章，久懷仰慕，冀一識荊耳。那位乃相揖入座，即曰：我即梁啟超也……

平日以台語生活的林獻堂，突然遇

著出身廣東，以北京話活躍於中國的梁啟超，雙方口頭溝通不良，於是摻雜著筆談。梁啟超一落筆：

> 本是同根，今成異國，滄桑之感，諒有同情……

一個是流亡日本的中國新銳政論家，一個是前往殖民母國尋求出路的年輕領袖，那次的晤談給予林獻堂深遠的影響，梁啟超當面告訴林獻堂，三十年內，中國絕對沒有能力可以救台灣人，他建議林獻堂效法愛爾蘭，放棄流血武力，改以柔性的抗爭，與日人的朝野結托，以便取得參政權。梁啟超此番話，深深影響了政治意識初初啟蒙的林獻堂，從一九二〇年代起，林獻堂以溫和態度在台灣本土領導抗日的議會設置請願運動，可說來自梁啟超的影響。

繼一九〇七年在奈良的初次會面之後，一九一〇年，林獻堂帶領兩個兒子前往東京留學時，專程到神戶須磨浦的雙濤園拜訪梁啟超。這次的拜訪，促成了隔年的梁啟超台灣行。梁啟超曾說過，遊台之行「蓄志五年」，從奈良到台灣，念念不忘到台灣考察的梁啟超，終於在一九一一年成行。

梁氏來台之前，台灣的士紳、讀書人對他並不陌生，他流亡日本時的一舉一動、他和友人的書信，台灣的報紙皆有報導，例如，他抵台之前的十二月二十三日，《台灣日日新報》上刊載一段《申報》記者的觀察：

> 梁公近居日本，憂愁抑鬱，居恆著國風報以自遣。日前有得其

與友人書者，悲壯蒼涼，讀其詞，幾不減屈子天問也。節錄於左，以告海內外心乎任公者⋯⋯

　　這則報導裡提到的「海內外心乎任公者」，除了旅日的中國留學生之外，台灣的士紳、讀書人當中，也有為數不少的梁啟超「粉絲」，《台灣日日新報》上經常讀得到任公的近況，就是最好的驗證，隨意翻閱那個時期的報紙，一九〇七年七月二十日，一則短短不到百字的報導，提到北京政府禁讀梁啟超寫的書，而在同一年，林獻堂和梁啟超在奈良的「巧遇」之後，梁啟超當面答應林的邀請來台，

林幼春在寫給梁啟超的信裡，白描披露台灣人在日本統治下的痛苦。

自此引起島上知識分子的期待，紛紛寫信給梁啟超。引介梁啟超的思想給予林獻堂的林幼春，在信中白描披露台灣人在日本統治之下的痛苦，期則能藉梁公來訪，啟迪民心：

　　……南海先生與先生同時去國，斯時心灰望絕，每閱報紙，淚不覺其承睫也。臺灣蠻鄙之鄉，聲化素隔，略識文字，已成鳳毛……學校程度甚低，開化無期……

　　先生救國之誠，薄海同欽，再造玄黃，必有成算。如或憫此一方，游轍南指，引繩批窾，為之導迷，則螳斧之微，雖碾骨為塵，尚能為屬也……

　　林幼春以「蠻鄙之鄉」形容百年前的台灣，這在今日台灣至上論者看來相當自貶的說法，卻是彼時的實然，林幼春屬於西渡中國向學的第一代台灣知識分子，且出身富有家族，他發出這種感歎，當可想像；日治初期報紙裡也出現來自其他階層的聲音，曾有一位署名「希望者」，在梁啟超來台的一九一一年五月投書給《台灣日日新報》：「本島絕少藏書家，所有青年好學者，欲潛心考究，恒苦無取資，即大稻埕及艋舺各書肆，所發售者亦僅手札、詩、小說等，然多缺而不備，無從購取，安得有志者為發起，倡立圖書館，集腋成裘，俾得擴充眼界也。」

　　一九一〇年代以前的日治初期，台灣子弟還沒有具規模的留學風潮，受日本公學校教育長成的一代，約略從大正年代（大正元年也是

梁啟超帶領長女梁令嫻訪台，台灣的知識分子大為振奮。

辛亥元年）以後才漸漸養成具有日語能力的知識分子。在梁啟超來台之前的台灣社會，讀書人自力救濟，各自想辦法溫習舊學、接觸新學，林獻堂的秘書甘得中也是最早去中國留學的其中一位，一九一〇年前後他離開上海時，寄存了兩百元在上海譯書局，希望譯書局能在他離開之後，每有新書推出便郵寄到台灣，他的目標是替故鄉台中掙得兩百本新書。

　　林幼春寄信去日本，喋喋向梁啟超訴苦，反映了島上知識分子的鬱悶，流亡日本的梁啟超有他的憂愁抑鬱，在中國境外的日本「避革命之名，行革命之實」，他有他的革命任務。而林獻堂、林幼春一輩的知識分子，在殖民政府的監控之下，也是「避革命之名，行革命之實」，日治時期台灣知識分子的新文化運動受到梁啟超的啟蒙最為顯著，殆無疑義。這樣的啟蒙影響，詩，成為最直接的見證，嗜寫的梁啟超，左手寫詩，右手以新式白話文，記錄了遊台觀感。

　　笠戶丸從橫濱出發後，梁啟超開始以詩記錄，總題曰「海桑吟」，全為了遊台而寫。首先，他在初春離開日本，在須磨的住處「雙濤園」「繁櫻正作」辜負了花事，已經有點遺憾了。他寫道：

> 我生去住本悠悠，偏是逢春愛遠遊；
> 歷劫有心還惜別，櫻花深處是并州。

　　隨著船浪前進，還有更遺憾的事呢，梁啟超出發後寫的第二首詩，流傳最廣：

> 明知此是傷心地，亦到維舟首重回；
> 十七年中多少事，春帆樓下晚濤哀。

　　大船出發的第二天，在馬關條約的簽訂地稍作停泊，中、日代表李鴻章、伊藤博文簽約的「春帆樓」，是台灣人的傷心地，也是梁啟超的傷心地 。「十七年中多少事，春帆樓下晚濤哀」，梁啟超以看似簡單的講法，發生了多少年、在哪裡發生，架構了觸景生情的時空劇場，已經十七年了，即使浪濤經過，也會同感哀傷。

　　這艘開往台灣的輪船，船上自然會有返鄉的旅客，梁啟超在船上聽到「台灣遺民」講述亡台事蹟，寫下了他的感想：「漢家故是負珠崖，覆水東流豈復西。」江水東流，歷史不可能改變方向、重來一遍，不過，因為歷史發生而認識的友朋，不也是悲哀歷史的意外之穫！出發後的第三天，梁啟超在船上接到發自台灣的電報，他寫道：

　　迢遞西南有好風，故人相望意何窮；

　　勞生不被天公妒，默默靈犀一點通。

　　這封來自台灣，祝他「海行安善」的電報，發信人是和他「靈犀一點通」的林獻堂。梁、林雖然先前僅曾短暫會面兩次，彼此已有靈犀互通的感應，這是兩岸交流史上很特殊的一次吉光片羽，當笠戶丸即將抵達基隆時，梁啟超寫道：

　　番番魚鳥似相親，滿眼雲山綠向人；

　　前路欲尋瀧吏問，惜非吾土忽傷神。

　　台灣，以滿眼的綠意迎向貴客，家鄉在廣東省新會縣的梁啟超，對大陸南方的翠綠山水必不陌生；台灣的讀書人也熟悉他的家鄉背景，不時聽到用「廣東產也」來形容梁氏，在廣東「出產」的梁啟超，遠望台灣的景色而認為與家鄉類似，是相當容易理解的事。

　　二月二十八日，林獻堂親自前往基隆碼頭迎接，秘書甘得中也隨行，一起去迎賓的，還有連戰的祖父連橫，以及數十位台灣士紳。他們接待梁啟超搭火車，從基隆乘往台北，這段由首任巡撫劉銘傳興建的鐵路，讓梁啟超感受到台灣已進入近代化的建設進程。在台北停留的五天時間裡，梁啟超參觀了總督府、電報局、郵政局、台北兵工廠等，也觀察大稻埕市街建設，到「中法戰爭」的淡水戰場參觀。他寫下〈台北故城〉詩，記述初抵台北的印象：

清角吹寒日又昏，井幹烽櫓了無痕；客心冷似秦時月，遙夜還臨景福門。

初抵景福門，伴遊的林獻堂、連橫向這位遠道而來的客人述說台北建城的歷史。劉銘傳治台六年，奠下了近代化的基礎，梁啟超才知道，「台北省城亦壯肅（劉銘傳的別號）所營，今毀矣，猶留四門以為飾，景福門即其一也」，由劉銘傳手建的台北城，到了一九一一年時仍留有四座城門，其他已毀，梁啟超再寫一詩以為見證：

桓桓劉壯肅，六載駐戎軒，千里通馳道，三關鞏舊屯，即今非我有，持此欲誰論，多事當時月，還臨景福門。

昔日映照劉銘傳建城的月亮，如今仍俯臨景福門上空，可是，台灣易主，離景福門最近的景點，就是總督府了。昔日是劉銘傳的巡撫衙門，如今已是殖

梁啟超訪問台北期間下榻於日之丸旅館，圖為日之丸旅館在任公來台的1911年所刊登的新年廣告。

林獻堂在台北大稻埕的薈芳樓設宴歡迎梁啟超，圖為薈芳樓的新年廣告。

59

民者的最高權力機構，梁啟超也寫下他的感觸：

> 幾處榱題敞舊椽，斷碑陟剝草成烟；傷心最有韓南澗，凝碧池頭聽管絃。

台灣的文人雅士喜愛酒聚北投，梁啟超也在這趟台北遊程裡，慕名前往，他在詩裡寫道：

> 幽尋殊未已，言訪北投泉，曲路陰廻塹，清流碧噴烟，上膏溫弱荇，溪色澹霏烟，苦憶湯山淥，明陵在眼前。

被梁啟超形容為「境殊幽邃」的北投，是台北的必遊之地，他說，「沿溪數里，噴烟若霏霧」，增加了在台北尋幽訪勝的情調，不過，這樣的幽秘氣氛，畢竟是緊湊行程裡的一小段插曲，真正的主戲在三月三日上場，林獻堂在「薈芳樓」擺設歡迎會，參加者達一百

梁啟超訪台期間揮筆作詩，一夕間傳遍全島，圖為《台灣日日新報》刊登任公遊台詩。

多人，在殖民政府派出的警察、特務監控之下，能有一百多人齊在一堂的聚會，相當難得，梁啟超當場寫下的奉謝詩，一夕之間傳誦全島：

側身天地遠無歸，王粲生涯似落暉，
花鳥向人成脈脈，海雲終古自飛飛。
尊前相見難啼笑，華表歸來有是非。
萬死一詢諸父老，豈緣漢節始沾衣。

憶附公車昔上書，罪言猶及徒薪初，
珠厓一擲誰當惜，精衛千年願總虛。
曹社鬼謀成永歎，楚人天授欲何如，
最憐有限哀時淚，更灑昆明劫火餘。

間氣神奇表大瀛，伏波橫海舊知名，
南來蛇鳥延平壘，北向雲山壯肅城。
萬里好風回舶趠，百年麗日照春耕，
誰言鶯老花飛後，贏得胥濤日夜聲。

劫灰經眼塵塵改，華髮侵顛日日新，
破碎山河誰料得，艱難兄弟自相親。
餘生欲淚當杯醉，對面長歌哭古人，
留取他年搜野史，高樓風雨紀殘春。

梁啟超（前排左五）與櫟社詩友在台中合影。

　　今朝對坐的朋友，一樣都是「艱難兄弟」，彼此各有破碎的山
河，誰又能料得？梁啟超當然是一名艱難兄弟，他變法失敗，自中國
流亡日本，一心想回中國發展，於政治、經濟、文化各個面向，任公
從來沒有停止擘畫他的歷史舞台。而群聚在薈芳樓的台灣士紳文人，
擔心隔牆有耳，日後受到日警算帳，不也是一個個艱難兄弟？藉遠道
而來的中國名人歡迎會上，彼此為台灣的未來相濡以沫，最好能當杯
就醉！

　　結束短暫的台北五日遊之後，梁啟超在林獻堂的盛情邀請之下，
前往霧峰林家度過了此次台灣之旅裡最愉快的一段時光。梁啟超在
四月二日抵達台中和霧峰，和櫟社詩友吟詩酬唱之餘，最重要的「訓
示」，是期勉台灣的朋友「不可以文人終身」──不能一輩子當個消

極的文人，對國家社稷，務必要有付出。這句話重擊了以「櫟」字命名詩社的中部文人們，櫟，廢木也，創社的霧峰林家詩人林癡仙之所以取此字命名，一方面反映了廢除科舉制度之後，習詩文不再有前途；更深一層來看，乙未割台，台灣人淪為異國治下的二等公民，不也是一株株廢木？

梁啟超適時在一九一一年訪台，給予在政治、社會舞台上初試啼聲的林獻堂，一次成功的「轉大人」體驗；而對於茁壯於大正年代以降的日治時期台灣新文化運動青年來說，在不算遙遠的未來，充滿了「行革命之實」的許多挑戰。將梁啟超的思想、著作介紹給林獻堂的林幼春，在〈陪任公先生分得面字韻〉一詩裡，記錄了任公來台的衝擊：

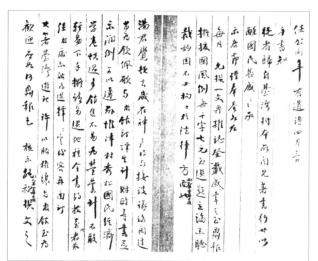

張元濟數度寫信催梁啟超，遊台詩作準備由商務印書館出版，可惜任公始終沒有交稿。

　　十年讀公書，一旦識公面，初疑古之人，並世無由見，及此慰平生，春風座中扇，但恨少未學，徒作臨淵羨，高深邈難測，窺管目已眩，誠願棄素業，從公更研鍊……

　　林幼春具有詩人的狂放豪氣，他根本就想拋棄舊業，追隨任公而去。梁啟超返回日本後，一舉一動仍牽動台灣讀書人的關心，那一年的十一月十八日，《台灣日日新報》報導，梁氏本年春來台時，與台灣人談清國大局，「聞其語氣，似有不忘其故國者」。台灣人從北京的電報得知，梁氏已被新內閣任命為法部副大臣，「不知其能揮其大手腕，以維持危局乎。」即使過了一、二十年，梁啟超在日治中期

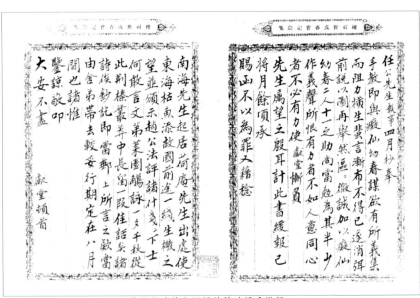

林獻堂確曾允諾捐款贊助梁氏辦報。

台灣新文化運動裡，仍有「導師」的地位，士紳與意見領袖在公開或私下聚會場合，這位「缺席的大師」的論說，仍舊是「新文化」的源頭。

因戊戌政變而流亡日本的梁啟超，雖然僅在一九一一年春天抵台訪問兩個星期，卻因為邀請者——霧峰林家林獻堂、林幼春叔侄兩人的孺慕之情，使得梁啟超其人其言與台灣日治中期興起的民族覺醒與文化運動，產生了被放大的連帶關係，台灣文學與文化研究者不時提出警語：梁氏來台一遊，無非是為了向林獻堂募款，目的是壯大其個人的辦報事業，他不可能會對台灣事務付出多大的關心。

真的是這樣嗎？梁啟超又是如何總結他的台灣之旅呢？他在遊臺書牘第六信裡說道：「此行乃得詩八十九首，得詞十二首，真可謂玩物喪志，抑亦勞者思歌，人之情歟？擬輯之，題曰海桑吟，有暇或更自寫一通也。匆匆作茲遊，廢文課者浹月，所為責任內閣論，尚未賡續，其他銀行政策私議、政黨論，皆亟欲成之者，遄返後當併日從事耳。」案牘繁重的梁啟超，短暫來台遊玩兩周，他自認玩物喪志，喪志於詩歌，政經芻議因此荒廢了一段時日。不過，遊台期間所寫下超過百首的詩詞，梁啟超確實有意出版成一專輯，他連書名都想好了，就叫作《海桑吟》。可惜，這部輯子終究沒有付印。

國家圖書館曾在一九九六年出版的《梁啟超知交手札》裡，收錄了許多未被《梁任公先生年譜長編》引用或參考的信件，其中，任職於商務印書館的第一屆中研院院士張元濟，在梁啟超從台灣返回日本後，一連寫了四封信給他，頻頻問他「《台灣游記》何日脫稿？」張元濟會如此發問，乃是因為他在四月初接到梁啟超的信，梁向他表

明，準備將台灣見聞著書行世，以醒國民。張元濟站在出版者的立場，當然樂觀其成，不僅事先擬好稿費，且四度發信詢問任公，到底脫稿了嗎？

也許是因為梁啟超太忙了，這些讓他「玩物喪志」的遊台詩詞，始終沒有正式出版。

再者，梁啟超此行是否果真為辦報而募到了款？《梁任公先生年譜長編》裡以「一無所獲」，肯定說明於籌款一事毫無收穫。可是，根據《梁啟超知交手扎》的披露，林獻堂寫給梁啟超的信共有四封，第一封信於一九一一年六月發出，也就是任公遊台的三個月後，林獻堂寫道，任公來台的佳詠，待諸詩鈔訖之後將郵寄過去，其次，「所言之款，當由舍弟帶去較妥，行期定在八月間也」，林獻堂確曾允諾捐款贊助梁氏辦報，這筆捐款是否如期到了梁啟超的手裡？雖然還沒有進一步的佐證資料，這封信足以說明，林獻堂並未辜負梁啟超的請託。

遺憾台灣缺少士大夫的章太炎，

編輯日錄（四月十一日）

梁任公淹臺約兩星期。今日已首途東歸。潤庵與林獻堂洪以南鄭鵬雲諸氏等。往送于基隆。聞任公此次來臺。其赴中南也。各地詩人皆為歡迎會。唱酬甚樂。今之歸。其餞饌必為盛滿矣。

梁啟超短暫訪台二週，日治時期兩岸知識分子往來裡一次難得的吉光片羽。

是一個沒有企圖認識台灣的台灣旅客，偶一結識的台灣青年，是經常前往中國摸索的連橫。梁啟超的台灣經驗比較特殊，他因為結識林獻堂、林幼春這兩位「台灣逸民」（梁任公語）而想到台灣瞧瞧，他是一個企圖認識台灣、卻始終停留在浮面訪問的中國旅客。

從晚清到二次戰前，類似這般中、台知識分子之間的邂逅與失之交臂，尚有多起，張我軍帶著《台灣民報》去拜訪魯迅；一九二一年，北大教授高一涵訪日，在東京的中華青年會館演講，在場的聽眾是正在為台灣青年謀求思想與實踐出路的林獻堂、蔡惠如；郁達夫曾應《台灣日日新報》邀請來台，錢鍾書、巴金也曾在戰後初期短暫來台訪問。我們以今天的流行語來看，這些邂逅與訪問，絕大多數有見面而無交流，有發言而無對話，唯一一場稱得上有「對話」的思想交流，發生在和梁啟超筆談的林獻堂身上，但對於滿懷革命大業的梁啟超來說，與「台灣逸民」唱詩應和，不過是一生當中偶而逸出的兩個星期，出書一事，也就不怎麼積極了。

百年來，台灣從被大儒章太炎形容為「少士大夫」的局面，提升到今日人才濟濟的水平，撇開客觀政治因素不論，台灣的知識分子已經具備足夠的自信，再也不需要像百年前的林幼春，汲汲求取來自彼岸的啟蒙。可是，失去對於「彼岸」的興趣，失去對於思想流動的關心，居島嶼而以全球化自滿，這恐怕才是真正的大失落！

第二部

大家族之後

第一篇

重新尋找蔡惠如

清水古稱牛罵頭，源自於平埔族語GOMA，因平埔族拍瀑拉族Gomach社聚居而得名。明朝永曆年間，荷蘭人自中國大陸招募漢族農民到台灣屯墾，人數超過萬人，明永曆四年（一六五○年），遷入的漢人稱呼清水為「牛罵社」，當時有五十八戶，一九三人。

清水背山面海，坐擁平原。背山，指其背對著大肚山台地，在清水部分統稱為鰲峰山；面海，指的是遼闊的台灣海峽。滿清中期閩粵移民入墾，乾隆年間，來自福建省晉江縣的移民蔡世璉，卜居牛罵頭，很快便融入當地社群，道光年間當上了紫雲巖觀音廟副總理，參與重修廟巖。蔡家原籍福建省晉江縣，十三世祖蔡賢同，十四世祖蔡興連，十五世祖蔡顯榜，乾隆年間傳至十六世祖蔡世璉（世璉公，惠如高祖），今天熟知的清水「蔡源順號」並非人名，而是蔡世璉次子蔡八來創設的商號、店名，往來大陸沿

海各省經營貿易，蔡八來於四十八歲時去世。

　　繼承蔡八來事業的是三子蔡時超（惠如的叔祖父），蔡源順號的財富與經營版圖，在他三十九歲的生涯裡快速累積與擴充，源順號在中國沿海地區的福州、漳州、泉州、寧波、廈門等地設有船郊（今之分店），海上貿易的範圍遠至南洋各大商阜。蔡時超的二哥蔡德晉無子，蔡時超的大哥蔡時保[註1]將三個兒子（敏川、敏南、敏貞）當中的老二敏南，過繼給蔡德晉——敏南正是蔡惠如的父親。

　　惠如的父親敏南雖入嗣德晉，和哥哥敏川仍然非常友愛，手足情深、老而彌堅，晚年在牛罵頭街（今之大街路與文昌街口）共築一幢三層樓洋房，名曰

見證清水蔡源順號家業的「伯仲樓」，不幸毀於1935年的清水大地震。 圖片提供／蔡正文

清水背山面海，坐擁平原，早有地靈人傑的水鄉之名。 圖片提供／蔡正文

伯仲樓，又名川南別墅，在鄉里間傳為美談。伯仲樓曾因蔡惠如主辦
櫟社與鰲西詩社聯合會而名留史冊，《櫟社第一集》裡，詩友莊雲從
寫過一首〈鰲峰訪惠如社兄賦贈〉，鋪陳了伯仲樓的悠閒風情：

> 相逢樽酒暮春時，攜手憑欄慰素思。
> 雨霽波光涵樹遠，院深鳥語出花遲。
> 三層樓閣居宏景，半榻茶煙感牧之。
> 閒坐與君清話久，卻忘紅粉數歸期。

　　對於蔡家後代來說，那幢三層洋房樓閣宛如萊園之於霧峰林家，
都是大家族極盛時期的有形表徵，可惜的是，一九三五年，伯仲樓
因清水大地震而塌毀，象徵一個大家族的中落。蔡家從興起至中落的
五、六十年，幾乎等於蔡惠如的一生。

　　蔡惠如，名江柳，字鐵生，清光緒七年（西元一八八一年）生於
牛罵頭街，自幼在家接受私塾教育，伯父敏川與父親敏南相繼出任牛
罵頭區長，對蔡惠如來說，牛罵頭的世界恐怕是太小了點，接觸新思
想、進入新時代的蔡惠如，從十六歲開始就在台中經營米穀會社與米
穀公司，當了十四年的社長和公司長，他接著創辦協和製糖會社，自
任社長。

　　蔡惠如是台灣第一代的實業家，企圖從地主階級轉型為資產階
級，將農業資本轉換為工業資本，繼米穀、製糖會社之後，一九一一
年，蔡惠如在清水創立牛罵頭輕鐵株式會社，出任總經理；接著又擔
任員林輕鐵會社董事長。蔡惠如出身地主而又積極培養實業基礎，殖

民政府不敢輕忽，指派這位牛罵頭年輕人出任台中市區長（大正一至三年），且是第一位台灣人當上的台中市區長，可見得他的分量。難怪葉榮鐘會說，「在民國初年，惠如先生是中部地方首屈一指的領導人物，其聲望也許比較林獻堂先生更為顯赫。」

受蔡惠如提拔的楊肇嘉，一生不敢或忘蔡惠如對他的啟蒙，他在回憶錄裡對蔡惠如的推崇，說明了一介地方士紳，如何展開視野、走向更大的舞台。

蔡惠如開辦實業、興揚詩文，年紀輕輕就成為家族領導人。

1911年《台灣日日新報》上關於蔡惠如經營米穀公司的報導。

在我與蔡家諸先輩來往當中，接觸最多而對我影響最大的，是蔡惠如先生……他不僅眼界廣大，凡事看得很遠，做人做事也極具志士氣概。當一般人都在斤斤於為個人、為自己的家人或族人打算時，他所關心的卻是整個民族和整個人類的命運。註2

連雅堂初與蔡惠如交往時，以為他不過是個「豪華子弟」，「迨聞其議論。觀其行事。審其待人接物。而後知惠如為個倜儻慷慨之士。不可以繩墨度也。」註3 如同葉榮鐘所言一樣，他大可以當一名「收租吃產的闊少爺」，富裕生活。

這些形容詞，同樣可以用在另一位與他同年生的富戶子弟身上。同樣在一八八一年出生、同樣自少年時代起擔任家族領導人的林獻堂，人稱阿罩霧少爺，阿罩霧面山開墾，與倚海的牛罵頭自有不同的地理氣勢。此兩種地理氣勢約略反映在兩人的性格上，阿罩霧少爺林獻堂的冷靜、溫和，與牛罵頭少爺蔡惠如的豪爽、熱情，呈現明顯的對照，或者說是互補。蔡惠如自己就曾在〈獄中有感〉其中一首裡，寫下了兩地的對比：清水魚蝦多活潑，霧峰桃李盡穠華，眺望台灣海峽的清水，自然比霧峰容易煥發豪邁、奔放的氣息。

蔡惠如「才大志大膽大」、「不畏權勢而好直言」，就性格上來說，比林獻堂更具有革命家的氣質，不過，有趣的是，這正是林獻堂惦記他、掛慮他的地方。一九二九年蔡惠如去世時，《台灣民報》曾製作逝世紀念專刊，林獻堂不提他的豐功偉業，只寫了一段小故事：

大正十年春在東京中國青年會館，歡迎北京大學教授高一函

氏，鐵生作主人總代起述歡迎辭，其中一設說麻雀阿片之害可以亡中國，望高先生回去好好教訓國民使其反省，及會散後余告之曰，剛才汝的所言未嘗不是，總所用的口吻不對未免使高氏難堪，鐵生曰，不如是恐怕他不記得，這就是鐵生的好處在此，而鐵生的失敗處亦在此「唉」！

由於出身接近、輩分相當，兩人在台灣民族運動史上經常被相提並論，私底下則是以親密的詩名互稱。鐵生與灌園，兩位傍海、依山的少爺原本可以在日治時代過著優裕的生活，卻選擇走一條同樣的荊棘之路——出錢出力，領導反殖民統治的政治文化運動。林獻堂去世之後，霧峰林家逐漸消失於政治甚至於經濟舞台；蔡惠如去世之後，蔡源順號幾乎鮮少有人提起。

蔡惠如和林獻堂一樣，少年時代即鵲起為全家族的代表。一生中未因家世聲望而與日人合作，但為了服務同胞，並不拒絕出任地方官職，林獻堂在一九

林獻堂領導霧峰林家，蔡惠如領導清水蔡家，兩人有世交也有私誼，《灌園先生日記》裡記錄了兩人珍貴的互動。

〇九年出任霧峰區長，一九一一年應聘為台中廳參事。蔡惠如也當過台中市區長，待他卸下區長一職，從大正四年（一九一五年）起轉往山東設立製糖會社開始，足跡遍布北京、上海與東京，並且將家產移往福州倉前山開辦捕漁事業。

蔡惠如的角色比林獻堂曖昧，他企圖將傳統的農業資本過渡為工業資本，先開設米、糖株式會社，從事樟腦貿易，後來在中部成立輕鐵株式會社，赴中國沿海開展漁業，遠赴北京開辦五國合辦公司，如今之期貨。對林獻堂來說，雄厚的財力是抗日的資本，也是包袱，在進行對日抗爭時必須顧及龐大族人的利益與安危。對蔡惠如來說，他一邊靠米、糖、漁業而經商、初探現代金融交易，另一邊則是慷慨挹注抗日運動，揮霍的性格比起林獻堂有過之而無不及，甚至到了傾家蕩產的地步。

在日治中期的民族運動健將裡，林、蔡二人因年紀長了一輩，受私塾教育涵養，欣迎新學不遺餘力。在固守傳統方面，兩人倡創詩社，填詩作詞附庸風雅。蔡惠如與同鄉詩友陳基六一同發起鰲西詩社，自己也加盟櫟社，並且在伯仲樓召開兩社的聯合會。蔡惠如惟恐日人統治加深後，漢學將走向沒落，因此在兩社的聯合會上倡創文社，發行《臺灣文藝叢誌》，連橫的《台灣通史》首先於此發表。

台灣師範大學台文所教授廖振富曾撰寫「監獄文學」論文，是目前為止，唯一將蔡惠如詩詞作品獨立成章，詳加分析，並嘗試進行初步編目的論文。廖文數度以啟蒙二字，說明蔡惠如帶來的新意。《蔡惠如和他的時代》一書裡刊出了未曾出土的詩作「眼鏡」就是一個很好的例子，有了眼鏡之後，「凝眸千里遠，懸額兩輪輕」，朦朧的

眼界逐漸清明，「江山無限好，日月是雙睛」，啟蒙者的雙眼一如日月，引介新思潮。此外，蔡惠如催生《台灣青年》，再也沒有比這件事更能說明他積極引介新學的用心了。

兩岸多地，海國奇鷹

蔡惠如因為三個兒子在東京留學，在澀谷置有寓所，忽而東京、忽而上海、忽而台灣的身影與行逕所形成的傳奇，很容易闖進當時更年輕一代，尤其是留學生的「精神領域」裡（楊肇嘉語）。一九一九年在東京成立的「聲應會」和「啟發會」，兩者因缺乏明確的宗旨與組織，短時間內均告無疾而終。到了一九二〇年春天，蔡惠如實在看不下去，「以為不可長此以往」，於是重新籌組「新民會」。

新民會成立，第二排左四是蔡惠如，第二排左五林獻堂。

「新民會」由蔡惠如命名，誕生的地點就在蔡惠如的澀谷寓所，時間是一九二○年一月十一日。在諸多關於新民會誕生經過的記載裡，作家蘇進強寫的《蔡培火傳》，以富有對白的場景描寫，記下那一天的經過：

蔡惠如將大學中的「傳二：釋新民」一字不漏的吟誦出來，搏得眾人的喝采。「咱就將這個會叫做『新民會』！」蔡惠如取出組織章程，交由大伙逐一討論。

「我建議──」林仲澍提議道：「咱會員應該要有一份機關雜誌，以擴大宣傳主張，連絡台灣同鄉的聲氣。」

「我附議！」彭華英也說：「有一份雜誌，大家的意見可以充分表達，不致像以往說了就算，也可以使大家有所共識。」……

「刊物費用的問題是否也要提出討論呢！」和蔡培火同校的謝春木，似乎看穿了培火的心事。

「哦！我願意獨力承擔這份刊物

蔡惠如慷慨解囊，催生了日治時期第一份為台灣人喉舌的刊物《台灣青年》。

蔡惠如在東京車站掏出一千五百圓交給林呈祿，由此誕生《台灣青年》，雖然少於辜顯榮拿出的三千圓，但後代感念的是蔡惠如在事業不順利的情況下，勉力為台灣前途所做的付出。

的種種費用。」蔡惠如說：「你大家攏是學生，那有啥錢呢？我本身還有些事業在經營，雖然不太順利，負擔一份刊物的印行，卻不是什麼大問題。」[註4]

蔡惠如聽了林仲澍、彭華英兩個大學生的建議，毅然決定趕緊籌錢支持一份台灣人的刊物。三月六日，當蔡惠如前往東京車站，準備離開東京、逕赴北京時，臨行前從口袋掏出一千五百圓交給林呈祿，這是台灣歷史上著名的感人場景，蔡惠如催生的《台灣青年》，承載了父老的期望、年輕一代的理想，即使僅從雜誌末頁刊登的「本社維持金捐款芳名」觀察，也能略為感受。

剛剛由舊名牛罵頭改為清水街的故鄉，同鄉鄉紳相當支持蔡惠

本誌維持基金寄附者芳名

一金五圓也	福建廈門	吳有容君
一金拾圓也	台北	劉蘭亭君
一金參拾圓也	台中	黃朝清君
一金參拾圓也	清水街	林建寅君
一金拾圓也	同	蔡年亨君
一金拾五圓也	同	蔡彼貞君
一金拾五圓也	同	蔡年聽君
一金拾圓也	同	鄭邦吉君
一金五拾圓也	同	楊肇嘉君
一金拾圓也	同	蔡梅溪君
一金拾圓也	同	蔡江哲君
一金貳拾圓也	臺灣青年雜誌社	楊朝宗君

《台灣青年》第二卷第三號刊出捐款名單，來自清水的捐款相當踴躍。

如在家鄉以外的活動，《台灣青年》第二卷第三號（大正十年三月出刊）刊登的十二位寄附者裡，來自清水的捐款者佔了八位之多，包括有蔡綉鸞的大哥蔡梅溪，畢業於明治大學，蔡惠如的叔叔蔡敏貞、以及楊肇嘉等，錢雖不多，卻替清水留下了芳名。此外，來自島內的中學生也以微薄的捐款，表達他們對接收新資訊的渴望，以第四卷第一號末頁所刊登的寄附者芳名來看，有來自台北師範學校的學生，也有來自台中高等普通學校（台中一中的前身）學生的點滴挹注。

　　一九二○年底，蔡惠如從上海到東京，恰好林獻堂也在那時從台灣來到東京，同化會面臨解散，台灣議會設置請願運動正蓄勢待發。從東京返回台灣的林獻堂秘書甘得中，接到蔡惠如發自東京的一封信，寄給他和林痴仙，信裡說同化會遭到在台日本官僚的構陷，令他想起自己擔任台中區長期間，台中廳警務課長荒卷鐵之助的責難，讓他心灰意冷：

　　偶念及此，與其置身樊籠，不如高飛，今請與二君子暫別，他日問候，當不在日本時也。註5

　　沒多久，蔡惠如果然將財產變賣，移居福州倉前山。接下來一直到他去世為止的這十年間，蔡惠如雖然將事業重心移往中國，他仍舊是議會設置請願活動、特別是前幾次請願的要角。第二次請願書提出後，林獻堂、蔡惠如、林呈祿、蔡培火等四人分別向日本政界、新聞界進行遊說。為了第三次請願，蔡惠如再從上海前往東京，與新民會幹部協議運動方針與招待日本政界與媒體。他們在一九二三年二月

二十三日提出第三次請願書，接著在二月二十六、二十八日，在築地精養軒設宴招待東京媒體、支持請願運動的政界人士，由蔡惠如即席致辭，他說，「關於日華親善，政府視為時下的難題，若由同族關係的我們台灣人居中斡旋，相信是最捷徑且最為切實。」註6 會後又繼續在會客室交換意見，氣氛融洽，雙方都留下深刻的印象。第四次請願之前的一九二三年十二月十六日，發生了日治台灣史上影響深遠的治警事件，總督府拘捕了六十餘位民族運動的要角，蔡惠如也在其中。

蔡惠如參與創立的台灣留學生團體，除了東京台灣青年會之外，尚包括北京台灣青年會、上海台灣青年會。這三者成立的時間相去不遠，當蔡惠如參與議會設置請願運動的準備工作時，幾乎在一九二一、二二年的前後兩三年內，他同時也倡創了北京和上海的台灣青年會。能三者兼顧，同為東京、北京、上海三地的台灣青年會發起人的，也僅有蔡惠如一人做得到。

一九二二年一月，留學北京的台灣青年僅有三十人左右，他們大多是士紳或望族子弟，為了響應東京的台灣民族運動，在北京成立了北京台灣青年會，會員包括板橋林家的林松壽、林炳坤，霧峰林家的林瑞騰、清水蔡惠如、台中劉錦堂（後改名王悅之）、吳子瑜，以及頭份的林煥文 註7 等十餘人，事務所設在北京崇文門內約耳胡同十四號。北京台灣青年會最主要的事蹟，是在治警事件的隔年（一九二四年）三月五日，召開華北台灣人大會，發表支持台灣民族運動的大會宣言。

自北京台灣青年會成立之後，蔡惠如將重心轉往在上海的台灣人組織，《台灣省通志稿》裡非常清楚說明該會由蔡惠如主導發起，蔡

惠如「招集在上海台灣青年十餘名，民國十二年十月在上海南方大學開會，組織上海台灣青年會。其目的，在於籌謀台灣革命，打倒日本帝國主義。但表面上，是以敦睦學生間感情，從事研究東西文化，為看板。」[註8] 上海台灣青年會的幹部包括謝廉清、施文杞、許乃昌、許水、游金水、李孝順、林鵬飛等，到了一九二四年初，會員達五十位，會址設在閘北寶山路振飛里九四八號。

上海台灣青年會的活動比北京台灣青年會頻繁，首先是在一九二四年一月召開上海台灣人大會，反對治警事件，張我軍是會場上發表演說的留學生之一。同年五月，上海台灣青年會偕同旅滬朝鮮人士，參加國恥紀念會；六月，集會反對在台灣舉行的始政紀念日典禮，散發「勿忘此恥」的傳單數萬張。上海台灣青年會的多位幹部，於一九二四年另外組織一個更富政治色彩的台灣自治協會，這兩個留學生團體雖然相當活躍，但一兩年後發生的五卅慘案，學生的思想大為改變，兩個學生會不再有任何消息，同鄉會的事務也不再吸引留學生的興趣，這期間出現了另一個左傾的組織「平社」，發行刊物《平平》，蔡惠如的長子蔡炳曜曾參與其中。

濁世公子，英雄末路

新五月十七日　舊四月九日　金曜日　雨　七十九度
……

肇嘉在台北發來電報，謂惠如病重，欲往見舞嗎？余與內人商量，先寄見舞金[註9]百円，交呈祿轉交。

終日降雨，或斷或續。[註10]

中研院出版的《灌園先生日記》，主編的許雪姬研究員認為是他「一生中最重要的見證」；林獻堂以十分工整的筆跡記錄每天發生在他身邊的事，一如他一絲不苟的個性。

在一九二九年的五月十七日，林獻堂在他的日記裡留下了珍貴的字句：在一個終日降雨的初夏，楊肇嘉從台北發電報給他，蔡惠如生病了，而且是病重呢，是否到台北慰問呢？

林獻堂和夫人商量之後，先寄慰問金一百円，請林呈祿轉交。

那天下了一整天的雨，斷斷續續。林獻堂在《台灣民報》的惠

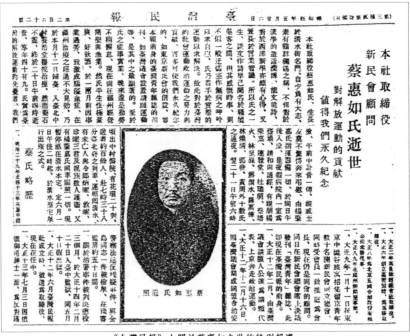

《台灣民報》上關於蔡惠如去世的特別報導。

如先生逝世紀念專刊曾提及，自己近三年來未見到惠如，二月時偶然在稻江旗亭相遇，兩人都喜出望外。那次久別重逢，林獻堂在日記裡留下珍貴的記載：二月二十八日，林獻堂因為隔天將前往東京，為議會設置請願運動繼續向日本政界遊說，筆名半仙的羅萬俥特地在江山樓設宴送別，酒席上的客人除了蔡惠如之外，還有林柏壽、蔡式穀、蔣渭水、彭華英、謝春木、陳炘等。隔天早上林獻堂將赴基隆搭四點的「朝日丸」之前，蔡惠如親自到他在台北下榻的「高義閣」旅館找他，搭同一班船去日本的，還有陳紹馨的父親陳定國。註11

二月會面時，林獻堂邀飲，蔡惠如擔心自己腦溢血，林呈祿且再三告誡他不能飲酒。林獻堂難得露出輕鬆的一面：

余請其今夕盡歡明日始禁，他亦欣然不辭，真是「一舉累十觴十觴亦不醉」。自是別後，余上東京他往福州，及余自東京歸來，聞說他果然患著腦溢血之病了，頗為驚愕。註12

據林獻堂的日記記載，他是十七日接到電報，知道蔡惠如住院。隔兩天，五月十九日，蔡培火從台南出發準備到台北探望蔡惠如，中途還去霧峰小憩。隔天一早，蔡培火搭八點多的火車去台北，沒想到林獻堂在五月二十日那天稍晚聽說，「惠如今早四時去世，其靈柩五時可抵清水。」

五月二十一日，林獻堂寫好了準備刊登在《台灣民報》的紀念感言，文中提到他的難過，二月在稻江的久別重逢，竟成了生死訣別。兩人在「高義閣」的會面，終究是最後的一次。

隔天，林獻堂和平日一樣，接待客人，吃藥打針，下午讀一本偵探小說《寶石城》，夜晚讀的是《唐才子詩》，從他那不慍不火的日記書寫，實在很難讀出好友惠如的死去，曾經造成什麼程度的漣漪；倒是他寫《台灣民報》的感言，説得較為露骨：「昨晚噩耗傳來，真如青天打著霹靂，使人驚駭哀悼不已。」

蔡惠如的感情生活與婚姻，在台灣當時士紳圈子裡確實是一個話題，不過，過去僅有葉榮鐘幾句輕描淡寫，完全比不上蔡培火日記的「爆料」。事實上，蔡惠如並不避諱出身女伶的妾室，他在治警事件坐牢期間曾寫了兩首著名的詞〈滿庭芳〉，一首贈妾，一首寄內（元配），廖振富教授曾將兩首做一比較：

其一

滿庭芳　歲暮獄中寄妾

悄悄長廊，歲寒天氣，箇中滋味誰知。壯懷雄志，君莫替儂悲。十七

蔡惠如留下的詩作並不多，台大圖書館特藏組由霧峰頂厝捐贈的櫟社詩稿裡，尋得幾首未曾面世的詩作，〈古鏡〉即為其中之一。

年間親愛，到今朝，更覺情癡。蒼天祝，宵宵魂夢，左右不相離。年華，云暮矣，鐵窗讀史，蟄戶吟詩。正修身養性，莫恨歸遲。且待東風燕子，畫堂前，好共遊嬉。光陰易，桃嬌柳媚，團聚合歡時。

其二

滿庭芳　花朝日獨坐獄中，意興蕭索，為譜此詞寄內解悶

綠樹嬌鶯，紅牆乳燕，今朝競語春妍。嫩晴庭院，桃媚海棠鮮。偏是游絲有意，冷窗裡，恨惹愁牽。思量遍，晝長人寂，清簟枕書眠。　　芳辰，空望過，花紅綽約，月麓團圓。奈隔江人遠，無處傳箋。待到黃梅熟後，出樊籠，共語燈邊。還重約，端午節近，攜手看龍船。

寫給妾的詞句感情濃烈而直接，「十七年間親愛，到今朝，更覺情癡」，明白說出了與妾親愛長達十七年，情癡如此，乃至於「宵宵魂夢，左右不相離」。寄給妻子的作品花了比較多詞藻形容景物，雖然也提到了一起看龍船、共語燈邊，親暱的程度確實不及寄給妾的詞作。僅以兩首〈滿庭芳〉作為妻妾感情的濃淡比較、親疏之分，未免失之於武斷。廖振富的解讀比較持平，以兩首詞作來看，「蔡惠如對家中的妻妾稱得上是情深義重的。」[註13]

英雄末路，景象堪憐，一九二九年六月一日，在今天清水紫雲巖觀音廟前廣場舉行的告別式，冠蓋聚集，四、五百人將會場擠得滿滿的。這場面，彷彿替二〇年代糾結過不少民氣的台灣民族運動，畫下

了一個將要曲終的句點。

　　林獻堂在日記裡記載，六月一日那天，他早上九點和林資彬一塊兒搭自動車往台中，再換搭九點四十分往清水的汽車，車上幾乎都是準備前往告別式的親朋好友：林瑞騰、傅錫祺、林建寅等，到了清水，人更多了，楊肇嘉擔任葬儀委員長，林呈祿、蔣渭水、蔡培火、羅萬俥、陳炘、鄭肇基、陳基六、杉山靖憲等都在會場上。

　　尚值壯年的蔡惠如，他的去世對同代的台灣士紳、知識分子、以及中部地區老百姓來說，是件大事，告別式當天，蔣渭水以台灣民眾黨名義懸掛於會場的橫聯，傳誦至今：

　　　　徹底的性格
　　　　不妥協精神

　　兩年多後的八月，當蔣渭水自己也不幸因病早逝時，楊肇嘉在葬禮上的表白：「社會運動家最要緊的條件，就是有徹底的性質和不妥協的精神，我所知道的同志中，具有這兩條件的人，實在很少，惟渭水兄不但能合這性質和這精神，且有比這點更加徹底……。」楊肇嘉對蔣渭水的形容，正是援引蔣渭水形容蔡惠如所用的字眼，楊肇嘉並且認為蔣比蔡更加徹底呢。「蔡惠如—蔣渭水」在精神上的傳承，在二、三〇年代之交的社會運動氛圍裡，是相當受到肯定的，例如，蔣渭水去世時，集集的石錫烈（賴和的好友）曾寫一首詩敬悼，最後兩句就是：「鐵生地下如相遇，應共冤魂吼不平。」

　　與蔡惠如「居同鄉，又屬同志，誼雖朋友，情若兄弟」[註14]的楊肇

嘉，負責統籌葬禮，葬禮幕後的辛酸故事，幾十年來仍不斷在清水與
中部一帶的耆老口中流傳著，年輕的子弟也是從小聽著長大。一位署
名「哨兵」的清水子弟，幾年前曾在由鰲峰書院發行的〈鰲峰山下雜
誌〉上，訴說後代對「五二〇蔡惠如紀念日」的追念：

　　五二〇是中華民國總統的交接日、就職日，但我想到的總是
一九二九年的這一天，是清水先賢、台灣民族運動啟門人蔡惠如
先生的逝世日。一九二九年的二月，惠如先生因久未回祖國（中

1929年蔡惠如去世後，日本殖民統治進入皇民化階段，清水街頭見得到奉祝旗行列，不再見
到一代人物的身影。
圖片提供／蔡正文

國），加上他近二十多年來贊助台灣民族運動，在今年又為了《新民報》的成立，將所分得家產中僅存的一甲多土地變賣一光，而他早些年在福州投資的水產生意依舊處於嚴重的虧損狀況。簡單的說，原本家財萬貫的惠如先生，在年僅四十九歲的壯年，已經家道中衰了……

今天說到日本時代的台灣民族運動，我們但知有林獻堂、蔣渭水、吳三連、蔡培火、羅萬俥、楊肇嘉、林呈祿等人，但對於惠如先生，我們所知不多，清水人對於這位曾任日本時代的台中區長惠如先生，幾近完全遺忘！註15

蔡源順號在蔡惠如的時代走下歷史舞台，其速度之快，即使是清水當地人也充滿感歎，櫟社詩友莊雲從為了祝賀惠如的父親敏南公大壽而寫下崇讚伯仲樓的詩句「家有元龍百世樓」，到了下一個十年，也就是一九三〇年代，再也聽不到回音。

一個富賈一方的望族少爺，為什麼毅然變賣家產、移居中國？日本治台，讓他明顯感受到台灣人受異族統治的壓迫。一個台灣最早的祖國派，出於民族意識而認同中國，中國，帶給從台灣來的他，什麼樣的想像、以及幻滅？一個最早走向東亞的台灣人，航向東京、北京、上海，在現代化初萌的一九二〇年代，發起三地的台灣青年會，還有哪些故事，發生在橫渡海峽、迢迢上京（東京與北京，對日治時代的台灣人來說，一樣是上京）的大輪船上？

蔡惠如的一生交織了如此多重的線索，重新認識他和他的時代，藉以尋找遙遠的連帶。

註 1：赴福州鄉，遇船難，死於福州港，一同葬身船難的還有四弟蔡時勤。

註 2：《楊肇嘉回憶錄》，頁 142。

註 3：《台灣民報》262 號，惠如先生逝世專刊，1929 年 6 月 26 日。

註 4：《風骨嶙峋的長者──蔡培火傳》，頁 59-60。

註 5：《台灣民族運動史》，頁 74。

註 6：《台灣民族運動史》，頁 125。

註 7：作家林海音的父親。

註 8：《台灣省通志稿》，革命抗日篇，頁 220。

註 9：慰問金。

註 10：《灌園先生日記》（二），頁 144。

註 11：《灌園先生日記》（二），頁 69-70。

註 12：《台灣民報》惠如先生逝世專刊。

註 13：〈日治時期「監獄文學」探析〉。

註 14：楊肇嘉在蔡惠如告別式上所朗讀的祭辭。

註 15：見〈鰲峰山下雜誌電子報〉第 48 期，2002 年 5 月 20 日出版。

第二篇

遊子

——林壽宇和林克恭

二〇〇五年八月，台北市立美術館舉辦「幾何·抽象·詩情」展覽，展出從一九六〇年以降、受到「西風東漸」影響的幾何抽象作品，所有作品裡最「極限」的幾幅，畫成的年代最早，而且出自同一位畫家，也就是中生代畫家莊普口中、「當年心目中的大師」林壽宇。

二〇〇六年一至十月，北美館以「山水」為題推出典藏常設展，展出百位畫家對應自然的畫作，展覽介紹單上主打的一幅畫，以簡約的油彩寫生九份金礦，簡簡單單幾何造形的礦屋矗立在悠遠的九份山景裡。阡陌縱橫的田嶺上矗立著一幢幢埋葬著淘金夢的房舍，畫家淡雅描繪屬於九份的山水記憶，這幅畫裡所有的色彩都摻和了多量的白粉，形成了畫面上極淡極淡的粉紅、粉綠、粉青、粉黃……，這幅極淡山水所傳達的風景意識，和楊三郎、張萬傳等前輩畫家色彩雄渾濃烈的鄉土油彩比起來，大不相同。這

幅畫的作者是林克恭，已於一九九二年去世，他似乎沒有留下什麼「前輩畫家」的迷思。

這兩位畫家都姓林，同樣出身於台灣最顯赫的家族。然而，大家族的命運時高時低，林壽宇和林克恭，分別以他們的繪畫成就替各自的家族留下了藝術語言所書寫的遺產。

出生於日治時代一九三三年的林壽宇，來自霧峰林家下厝宮保第，他是林正霖的長子，祖父名叫林瑞騰，曾祖父是協助劉銘傳治台有功的林朝棟。林壽宇成長於日治台灣的後期，中學時期面臨了二戰結束的世局轉變。他在師大附中唸高一時，決心出國學習，一九四九年先到香港，停留三年唸英語，於一九五二年前往倫敦，在倫敦大學唸建築，利用晚上時間學畫，曾向倫敦許多家畫廊毛遂自薦，一一被拒，後來竟被倫敦當時最好的Gimpel Fils畫廊相中。一九五七年，和趙無極同年開始創作抽象畫，林壽宇的作品陸續被三十多個國家的美術館收藏。在台北市立美術館開

林壽宇的作品 One One Four
圖片來源／家畫廊

板橋林家花園早已捐給台灣政府，現由台北縣政府管理，作為文化與休閒場所的林本源花園。

館之前，受到國際級美術館典藏的台灣畫家，就是林壽宇了。

　　早在一九五八年，英國的《衛報》、《泰晤士報》介紹一位來自Formosa的畫家Richard Lin（林壽宇的英文名字），在倫敦期間受到米羅畫展的刺激，開始創作抽象畫。初接觸抽象畫的林壽宇，畫的是「暖抽象」，畫布上流瀉著寫意的油彩；幾年後，六〇年代開始，林壽宇轉向「冷抽象」，幾乎全用白色，色彩與結構進入了最低限度的極致，徹底抽離了情感的表現。

　　一直到八〇年代初他短暫返台教書、開個展，長期旅英的林壽宇身上的傳奇色彩才漸漸褪去，他和英國人太太在威爾斯鄉間的古堡莊

園，原本預備給查理王子居住；他當時出現在媒體的照片，是他教女兒在莊園裡騎馬。

林壽宇影響了學生輩賴純純、莊普、陳世明的藝術觀，在台灣，提到抽象畫，必須從這位祖師爺開始說起。一九八二年他首度在龍門畫廊辦個展，作品最高售價兩萬美金，在當時收藏風氣未開、冷抽象也屬於冷門品味的情況下，仍舊賣出了兩幅。更令藝壇驚訝的是，就在林壽宇的人和作品漸漸在故鄉台灣出現後，他卻再也不畫抽象畫了。

林壽宇在台灣的知音之一，是「家畫廊」的負責人王賜勇，他擁有林壽宇的作品將近六十件，北美館辦展覽必須向他借畫。在二○○○年以前，北美館並沒有典藏林壽宇的抽象畫；而故宮收藏林壽宇的雙聯作也是晚近的事。早在八二年首次個展時，林壽宇便曾淡淡地表示，他的故鄉並沒有收藏他的畫。

王賜勇曾隨著林壽宇去霧峰宮保第的老家，沒想到外表被列為國家二級古蹟、古意盎然的台灣清代最大官宅，內

從劍橋大學畢業後，林克恭改行學畫，受到父親的鼓勵。此圖攝於1926年。
圖片來源／台灣美術全集16

部卻被畫家改成一塵不染的全白，幾乎是他極限畫作的建築版本。王賜勇喜歡收藏具獨創風格的畫，他一見到余承堯的畫便展開瘋狂的收藏，二十年前初見到林壽宇的畫也是同樣的激動。即使林壽宇早已不再創作抽象畫，王賜勇仍然在他自己經營、位在中山北路巷子裡的家畫廊，每年輪流展出他收藏的林壽宇畫作。

「有些藝術家的個性就是這樣，他認為該畫的已經畫出來了，便不再作畫。」王賜勇談起林壽宇，仍帶著點惋惜。在當代藝術不斷推陳出新之際，四、五十年前就有一位出身台灣大家族的後代，旅居英倫創作了白到不能再白、不能再沒有結構與色彩的極限抽象畫家林壽宇，他在當時創作的前衛是和Formosa一起留名的。

「林壽宇傳奇」裡讓人好奇的一件事，是他赴英倫就讀於倫敦大學建築系期間，在台灣的家族反對他學畫，一度以斷絕經濟支援作為威脅。幸好，林壽宇在創作的初期便受到畫廊的青睞，未因在台灣的家族反對而中輟。事實上，自林獻堂（獻堂仙是林壽宇的堂叔）以降的霧峰林家後代裡，林壽宇的繪畫藝術表現，在他那一輩裡，成就是相當高的。

比起林壽宇，林克恭有他幸運的地方。林克恭比林壽宇大了將近三十歲，讀完劍橋大學的法律、經濟雙學位後，改行學畫，父親林爾嘉不僅未加反對，反而持續給予鼓勵。

林克恭出生於二十世紀初端，一生經歷的年代和台展三少年等前輩畫家相當，可是，一般很少將他納入省籍前輩畫家的傳承裡。一九○一年出生於鼓浪嶼的林克恭，在七個兄弟裡排行第六，父親林爾嘉是「台灣林」林維源的長子，林克恭出生在家大業大的板橋林家，家

世經歷錯綜複雜的程度，外人實在難以理解，不過，林克恭是板橋林家裡極少數以畫家留名的家族成員，這一點需要重新得到評價；板橋林家的文化色彩，始終被家族的財富招牌所覆蓋，究竟，板橋林家對台灣文化曾經做出什麼樣的貢獻？

咸豐初年，板橋林家先祖林國華興建林家大厝（今之林本源園邸），從中國聘請呂世宜、謝穎蘇、陳夢三、莫海若等漢學老師來北台灣擔任私塾教師，他的長子林維讓浸淫其間，偶而也有創作。同治二年（一八六二年），林維讓和弟弟林維源一起設置大觀義塾，提供台北地方士子學習漢文的機會，此舉不但造福台北初萌芽的文化風氣，更重要的是逐漸讓林家擺脫靠械鬥發跡的家族性格，從清帝國流寓而來的文人能夠逐漸匯聚台北，也是靠板橋林家的邀請才逐步成形的。林國華、林國芳兄弟開始學習金石書畫，有助於家族性格的轉向。

日本治台之初，經常利用板橋林家的聲望鞏固人心，林維源於乙未割台後率家族內渡，他一生未曾入日本籍，也未曾再回到台灣。林維源於一九〇五年去世後，林家面臨沒有長輩的局面，大房林維讓系已遷居福州，長孫林熊徵十八歲；二房林維源系的次子林爾嘉最長，時年三十一，論年紀和輩分，林爾嘉都是適當的新領導人，可是他養子出身，且長年居住鼓浪嶼，又沒有入日本籍，因此，林家在台灣的龐大產業，由住在台灣的三房管理，可是，三房的林彭壽、林鶴壽並非適當人選，彭壽花費祖產吸食鴉片，鶴壽喜愛文學，寧可重金禮聘日本名作家德富蘇峰來台灣，與林維源的領導統御能力相去甚遠。沒幾年，日本政府主動介入林本源的分家析產，由一九〇九年上任的台

北廳長井村大吉出面，擺平了紛擾多年的分家與分配程序，自一九一〇年代之後，林爾嘉管理大陸產業，林鶴壽管理林本源製糖，林熊徵管理板橋方面的土地。

大致來說，日治時期的板橋林家，在台灣以林熊徵為代表，在廈門以林爾嘉為代表。與陳水扁政權走得相當近的華南金控董事長林明成，林熊徵的兒子，畢業於慶應大學，和同屬於大房林熊祥之後的林衡道一樣，屬於留日派。二房林爾嘉的作風比較不一樣，乙未內渡定居鼓浪嶼之後，事業重心全放在廈門，偶爾返台，也是為了視察林家在台的產業。

林爾嘉的七個兒子在一八八〇年代以後相繼出生，定居鼓浪嶼後，林爾嘉請美國人當家庭教師，七個兒子幾乎全送往英國唸大學，老六林克恭在香港唸完中學之後，和兄弟一起到倫敦留學，一九二一年，他順應家族的期待，進入劍橋大學讀法律、經濟學位，課餘時間選修學習自己喜愛的美術。

林克恭的作品「金礦」。

◎虞美人之揭曉

鼓浪嶼菽莊詩社。客歲曾以虞美人七言排律長篇二十韵。廣募海內文人投稿，經已揭曉。自首名至第十名。剋剜成冊。首卷贈書券百二十元。落於福州龔文壽氏之手。次卷贈書券八十員。落於江蘇王睫庵氏之手。三卷贈書券銀六十

板橋林家內渡廈門後仍維繫漢詩風氣，圖為舉辦菽莊徵詩比賽的新聞報導。

一九二五年從劍橋大學畢業後，林克恭繼續待在倫敦、巴黎學畫，父親並未反對，反而給予他支持。比起霧峰林家出身的林壽宇來說，一樣是大家族之後，林克恭幸運多了。

林克恭和林壽宇一樣，酷愛白色，林壽宇從未畫風景、人物，林克恭剛好相反，一生浸淫創作風景、人物。一九三〇年代，林克恭從歐洲返回鼓浪嶼，經常往返香港，也曾一度出任廈門美專的校長，前輩畫家陳澄波、楊三郎、張萬傳、謝國庸等都曾待過廈門美專，可惜，戰事吃緊後廈門美專關閉了。一九四九年，隨著政治易變，林克恭一家人輾轉從香港搬到台灣，他的瑞士籍太太海蒂夫人曾說過，離開鼓浪嶼時，曾有數千幅畫作來不及帶走，半世紀過後，仍下落不明。

林克恭和他的父祖兄弟一樣，曾在不同的政權底下生活，他尚能藉由繪畫追求自由與感性，是他的幸運，唯一一幅例外，是在反共的一九七〇年代，「以黨領政」的台灣政府委託他完成巨幅的「日本受降」圖。國民黨執政後「倚賴」板橋林家之處，和日治時期並無相去太遠，不過，日本政府既威脅又拉攏林家的細緻手段，比後來的國民黨政權猶有過之。在政商操作下，源出於板橋林家的文化色彩，長久以來相當模糊，僅以林克恭的兄弟來說，五哥林履信曾在日治時期組過「如水社」，是一個具有當代社區營造精神的文化社團。大哥林景仁的一生更加傳奇，他以詩名林小眉著稱，發揚了父親林爾嘉的菽莊詩情，日治中期他們在鼓浪嶼所舉辦的菽莊徵詩比賽，投稿者來自台灣、中國、新加坡、南洋一帶，一點也不遜於時下競喊的華人知識圈。

林克恭的山水觀啟蒙於鼓浪嶼的菽莊花園，這座花園現在被廈門政府改為鼓浪嶼公園。高中時期才離開台灣的林壽宇，幼年時成長的霧峰林家，對他也有一樣的啟蒙，可是，在他的極限冷抽象裡，看不到絲毫的家園實景與構圖，大家族的記憶消逝之快，林壽宇的例子反映了在惋惜之外，仍舊是惋惜。堂叔林獻堂位居日治時期台灣人的精神領袖，下一代卻毅然出走，而戰後從中國撤退來到台灣的國民黨政府，不知道如何保護、發揚源自於台灣本土的人文傳承，從未善加典藏林壽宇的畫，也從未以舉辦回顧展的方式邀請畫家返鄉。

第三篇

替海派帶來新感覺

距今將近一百年前的西元一九〇八年，有南台第一世家之稱的柳營劉家，靠蔗糖累積了財富，長子劉永耀搬去新營，聘請日本建築師，仿明治時期文藝復興風格，蓋起一棟浪漫且巍峨的八角樓，外觀有八角涼亭、長長的立窗，散發著南台灣的溫情，當地人稱為「耀舍娘宅」，典型台灣早期西洋樓房的代表，將柳營劉家帶向了一個新階段。

劉家開台祖叫作劉全成，一六六一年時追隨鄭成功，以軍眷的身分跟著鄭成功的母親來到台南府城。隨鄭氏渡海，來到現今台南一帶開墾的移民，以「營」字樹立墾地地標，例如新營、林鳳營，在那一批有復明意識的新住民裡，劉全成落腳在今之柳營。到了五世祖劉全的時代，劉家由農轉商，開始做起蔗糖的生意，同時也鼓勵子弟朝科舉求取功名。在清代台灣，柳營劉家一共出了三位舉人、五位秀才。

日本領台最初兩年，當板橋林家、霧峰

劉吶鷗的重新出土，是近年來
台灣學術文藝界相當有意義的
一件「發現」。
圖片來源／台南縣政府文化局

林家等許多大家族紛紛內渡中國，或者
伺機觀望時，柳營劉家選擇全部留在台
灣。日治第三年，劉家的第八世祖劉坤
獄被日方延攬為鹽水港辦務署參事，他
的兩個兒子分別代表台灣人接受現代教
育的代表：畢業於東京帝大的劉明朝，
是台灣人通過日本高等考試的第一人；
另一個兒子劉明電是台灣人第一個赴
德國攻讀馬克思主義取得博士學位。他
們的族親劉明哲曾在一九二〇年起，當
了十一年的柳營庄長。另一位族親劉啟

浪漫的八角樓「耀舍娘宅」，見證了劉家的滄桑，柳營劉家繁衍了許多精采的家族人物。
圖片來源／台南縣政府文化局

祥則是台灣最早留法的前輩畫家之一。
還有一位族親劉北鴻，她的外孫女是大
名鼎鼎的旅日明星翁倩玉，翁倩玉的祖
父翁俊明也是台南人，他替兒子翁炳榮
辦親事，相中的就是劉北鴻的女兒劉雪
娥。

柳營劉家枝葉茂密，「耀舍娘宅」
的興築與拆毀，正好見證了劉家的滄
桑。

劉家雖奠基於柳營，第九世祖劉
永耀選擇在新營建築「耀舍娘宅」，說
明了劉家不斷的擴充。不幸的是，劉永
耀在洋房落成十年後去世。丈夫早逝，
「耀舍娘宅」真正的主人是夫人陳恨，
掌管六百多甲土地。他們的長子本名叫
作劉燦波，出國唸書後才取了具東洋味
的名字劉吶鷗。

劉吶鷗於一九一八年進入長老教中
學（今之長榮中學），先前兩年，林茂
生已從東京帝大取得博士，返回長老教
中學當教頭。富裕的劉家，一九二〇年
起送子女前往東京就讀青山學院。當時
赴日留學的士紳子弟總喜歡比較從台灣

劉吶鷗的小兒子劉漢中保管著父親生前
留下來的1927年日記。

匯來的生活費，劉吶鷗的同鄉好友沈乃霖（前台大醫學系教授）曾在受訪時說過，他留學東京時一個月的生活費不過四十五元，劉家子弟一個月的生活費卻有三百多元呢。

由於母親在經濟上的支持，劉吶鷗和弟弟妹妹喜歡接觸文藝，兄弟倆尤其喜歡電影和攝影，一部由兄弟倆約在一九三○年代拍攝的「家庭電影」，標題叫作持攝影機的人，由劉吶鷗剪接，分成好幾個段落，在「人間の卷」那一段裡，著白衫白褲的劉家人在「耀舍娘宅」前聊天，女仕們身穿洋裝、戴帽，一群牙牙學語的小蘿蔔頭在庭院裡晃盪，裹小腳的太夫人仍穿著清服，她從柳營坐人力車來，在鏡

劉吶鷗在上海時創辦和參與的刊物，由文史作家秦賢次費時多年蒐集得來。

頭前留下特寫。影片裡祇有另一位女士裹小腳，她就是劉吶鷗的母親陳恨。

這部電影，幾年前在劉家舊宅裡無意間被發現，替「劉吶鷗」的重新出土憑添了珍貴的影像。電影裡，劉吶鷗模樣俊逸、富有自信，他從「耀舍娘宅」的大門搭上人力車，前往新營火車站，在蒸汽火車上笑著向家人揮別。劉吶鷗走得相當遠，他在東京受中學教育，家庭電影裡也有他重溫東京街景的鏡頭，參訪奉天和新京公園時遇到的雪景，而真正讓他在文藝史留名的，是鏡頭下嚮往摩登與變化的上海。

劉吶鷗不僅在上海唸大學，他結合上海文友戴望舒、施蟄存、杜衡所興起的「新感覺派」，至今仍讓後輩津津樂道。一九三〇年以前忙著開書店、辦雜誌，標榜普羅大眾、時髦文化，聚結為左翼出版的重鎮。一九三〇年後則是以拍電影為主，最戲劇性的變化發生在一九四〇年，劉吶鷗經由胡蘭成推介，擔任汪精衛政權下《國民新聞》社長，才做了一個月便遭到暗殺。在他之前擔任首位社長的穆時英，遭到情治人員刺殺身亡。

劉吶鷗被暗殺死亡的陰影，從此籠罩在「耀舍娘宅」的上空，家庭電影裡的愜意成了不能開口的回憶，新營、柳營一帶的劉家人不太提起子弟劉吶鷗的「中國事業」。但是，劉吶鷗的子女身上畢竟流著源自父親的血液，他們想瞭解父親的過去，一本保存在家中的劉吶鷗一九二七年日記，成為找尋父親的起點，這本日記掀起了學界不小的震盪，研究劉吶鷗變成了一門小顯學。

最早注意「劉吶鷗」的，是長期致力於現代文學史料蒐集的民間學者秦賢次，十五年前天安門事件前後，秦賢次費力在北京的舊書

庫蒐尋和台灣人有關的出版,幸運找到一些如今已形同孤本的刊物,包括劉吶鷗創辦的《無軌列車》,劉吶鷗出資成立的水沫書店所出版的叢書。繼秦賢次之後,中研院文哲所研究員彭小妍是較早發表研究論文的一位;後來,在中央大學中文所教授康來新的鼓勵之下,年輕的研究生許秦蓁寫出了首份以劉吶鷗為研究對象的碩士論文,師生倆並且合編了台南縣文化局在二〇〇一年出版、一套共六冊的《劉吶鷗全集》,開啟了這股小顯學的風氣。二〇〇五年九月下旬,中央大學在國家文學館舉辦劉吶鷗百年冥誕研討會,台南縣文化局也展出老照片、刊物封面和放映家庭電影,匯聚了重新出土劉吶鷗的許多角度。

台南縣政府文化局在二〇〇五年九月舉辦紀念展,召喚劉吶鷗歸回故鄉。圖片(左起)分別是劉吶鷗在上海、少年劉吶鷗在台南、李香蘭、劉吶鷗的太太。

將劉吶鷗的重新出土視為近年來台灣文藝界一項相當重要的「發現」，這是研究社群的共識，不過，對劉家後代來說，則是別有一番滋味。劉吶鷗最小的兒子劉漢中教授已經從大學物理系退休，父親生前的日記原本一直擺在家裡，多年前他們曾經主動送去中研院，尋求研究、出版的可能，因此，「發現」與否，並無所謂；將劉吶鷗回歸到文學藝術史上他應得的位置，這是後代比較關心的事。在這段重新歸位的過程裡，值得高興的是陸續找到的家庭電影與舊照片，例如受劉吶鷗提攜的影星李香蘭，曾在一九四三年來台拍片時，專程赴「耀舍娘宅」上香，與劉家人合影，留作紀念。

二十世紀中文世界裡最重要的文化潮流之一「海派」，具有台灣青年的熱情挹注，這是過去不知道的事。僅柳營一地就出產了如此多位具壯闊生命史的台灣人物，除了劉吶鷗，還有劉明電、劉明朝、劉啟祥等等，在挖掘中國海派風格裡的台灣因素時，聽聽看劉吶鷗在

晉京留學　嘉義廳公事劉神嶽

氏。其子明朝就學於國語學校國語部。已經三年。其任明哲。就學於國語學校師範部乙科。亦經三年。以該校所習學術。將來難以大試飛躍。爰請願退學。欲留學東京。明哲擬入早稻田大學乙科。明朝擬入中學校。經於昨日附乘笠戶丸啓程。神嶽氏親導其往。按兩星期滯京。俟設法入學事宜安當乃歸。吾臺青年號之留學者顯出。吾臺將來之發展。文豈可量者哉

1911年《台灣日日新報》報導柳營劉家子弟劉明朝、劉明哲赴東京留學。

日記裡的呼喊：回來吧！到溫暖的南國——家庭電影裡搖曳的椰子樹影、稜線分明的中央山脈、散發親情氣息的嘉南平原……是這些溫暖的台灣感情吧，讓一個四處晃盪的年輕人，充滿自信，介入而生成了一個重要的流派。

第四篇

從顏雲年到一青窈
——基隆顏家的三代詩歌

台灣各地近年來興起地方探索熱，以故事館、探索館的方式，讓民眾了解一個城市的由來。二〇〇六年四月開幕的「基隆故事館」，座落在市政府旁，由舊有的文物館改裝而來，以老照片、紀念文物、多媒體解說，意圖讓外地遊客花幾分鐘便能一覽基隆的前世今生。

入門處一張被放得過大，以至於臉孔模糊的老照片，簡單告訴前來參觀的訪客：這

基隆第一家庭的經典照，中坐者為顏雲年，顏家出身陋巷，在顏雲年的時代建立起台灣首屈一指的金煤王國。

是基隆的第一家族，也是台灣礦業史上的第一家族。中坐者名叫顏雲年，如今，他的知名度恐怕不及後代裡一位年輕的女歌手—一青窈（本名顏窈），隨著年代久遠，顏雲年的面孔愈來愈模糊，他創建的「臺陽」金煤王國只餘下荒墟遺址屹立在東北角海岸，他寫過的詩也愈來愈少人知道。而頻頻推出新專輯的一青窈，她有一張流行人物的臉孔，歌曲流行於日本、台灣，基隆第一家族裡好幾位がん桑的故事，不是一張模糊的老照片就能訴説殆盡。

顏國年（中坐者左二）攝於1920年代的陋園，中坐者左三是顏梅，右一是顏碧霞。

建立金煤王國的顏雲年，人説他成功的背後有賴三隻烏鴉，其中之一就是他的弟弟顏國年，顏國年個性圓融，和兄長互補有加。顏雲年的兒子顏欽賢承襲父業，加以多角化經營；顏國年的兒子顏滄波立足於學術界，顏家靠礦業起家，顏滄波是台灣第一位國際級的地質學者。顏家女兒輩也有突出的造詣，顏國年的女兒顏梅以日文寫作的短歌集《運命》，在東京出版，已去世的大同集團總裁林挺生特地延攬她去大同工學

甚隆顏家年輕一代的顏窈，父親過世後隨日籍母親搬回日本，改名一青窈。圖為《珈琲時光》的日本版海報。
圖片來源／中映文化

院教日文。顏國年的另一個女兒顏碧霞嫁給名醫魏火曜，是一般人較知道的顏家女兒。更小一輩的顏窈，四歲便隨日籍母親移民日本，她在日本推出第一張專輯時，把自己的身世告訴世人，她雖然說日文、以日文演唱，父親的故鄉位在台灣的基隆。

這場跨越百年的家族傳奇，實在不是一張模糊的照片就能交代，在點名式地敘述過家族要角的背後，上演的是幕起又幕落的家族滄桑。可惜的是，台灣現在到處都有類似的故事館、探索館，卻少有常設的人物介紹、家族源流展覽，或是相關的出版。這一代缺乏對歷史人物的立體認識，要讓下一代知道自己從哪裡來？將更加困難。

基隆顏家就是一個精采的例子，百年前顏家在基隆、瑞芳、九份、金瓜石一帶的發跡與茁壯，這一文化地帶上相關的紀念館與博物空間，不能再對顏家的事蹟付之闕如了。

顏家首批渡台的先祖，是在乾隆中末葉落腳在下大肚溪的顏浩妥一行人，他們經營護堤用的「蛇籠」，可惜功敗垂成，而且遭遇大饑荒，資本都沒了，在彰化一帶待了十多年之後，黯然返回福建安溪，顏浩妥失意而死。他的三子顏玉蘭、四子顏玉賜，不堪台灣之行失敗，決意二次渡台。嘉慶年間，顏家昆仲落腳在梧棲，參加梧棲海岸的捕魚牽罟工作，生活困苦，且遭遇械鬥，兄弟倆決定逃往台灣的北部，在逃難的途中，顏玉賜一個五歲的幼子不慎走失，從此未再相見，這事對千里迢迢來台灣謀生的顏家兄弟來說，傷心極了。

幸好，顏玉蘭的妻子蔡氏不久生下第三子斗猛，撫慰了顏家走失一位幼子的傷痛。顏斗猛生性聰慧，隨著顏家落腳暖暖，他夥同弟兄一起披荊斬棘、伐木種菁、為人傭耕，十五歲開始採煤，兼農而礦，

現今基隆、瑞芳、九份、
金瓜石一帶仍找得到基隆
顏家的金煤王國遺址。圖
為顏雲年在瑞芳創設的雲
泉商會的新年廣告。

很快的，顏家初站穩了移民來台後的基
礎。顏斗猛育有三子，其中，二子顏尋
芳也生了三個兒子，老二就是將顏家提
升為第一家族的顏雲年，他和弟弟顏國
年建立「臺陽礦業公司」，位居日治時
期台灣五大家族之一。

　　顏雲年幼年在家接受私塾教育，
長輩一心希望他尋得科舉功名，到台北
唸書應考時，曾借住瀛社社長洪以南家
裡，從此結下筆墨之緣。乙未之役後，
日軍為了掃蕩抗日分子的活動，駐守瑞
芳的日本憲兵隊長村野到顏家下達「到
署參衙」的命令，命令顏家當時的戶長
顏正春到署裡參衙。顏家一接到命令，
人心惶惶，沒想到，就在此時，僅十二
歲的顏雲年自告奮勇，願意代替叔父去
日本的憲兵隊應訊。村野隊長訝異於顏
雲年小小年紀的膽識，不僅將他釋回，
還邀請他擔任日軍通譯。顏雲年回家考
慮之後，再次前往瑞芳守備隊，表明自
己願意擔任通譯，他還請日人發給村民
「良民證」，不要再驚嚇村民的安全。

　　從一八九六年，顏雲年擔任日本

守備隊通譯開始，一直到他去世為止，每一階段的事業推展都和日人關係密切，其中，日人木村久太郎擁有牡丹坑金坑，產金而致富，他在今天基隆的建國新村、光隆商職及背後的山丘，蓋了一棟結合西式和日式風格的庭園別墅，占地六萬坪，布局典雅，當時稱作「檜木御殿」，和林本源花園的中式風格，分庭抗禮。一九一八年，木村久太郎決定返回日本，他將別墅賣給顏雲年兄弟，顏雲年為了紀念先祖出身陋巷，無緣見識名園，重新整建後，命名為「陋園」。

從一九一八年一直到一九二三年顏雲年逝世為止，陋園不只是一座大花園，而是北台灣最重要的文人沙龍。靠採礦致富的顏雲年，平時也擅長詩詞，更喜歡藉詩文酬唱結交朋友，台、日皆有，他不僅在陋園辦詩會，在東京的別邸也不時舉辦擊缽聯吟，他曾寫道：「……從此吟情聯兩地，騷壇聲價一番新……孰云海內無知己，日角相逢盡弟兄。」顏雲年在陋園舉辦詩會，替日

顏雲年喜愛吟詠漢詩，圖為詩友往來的酬唱詩作，張玉書是作家張深切的養父。

治時期的傳統詩活動，增加了來自基隆的號召力。大正時期，台灣士紳前往日本、中國留學或做生意，在基隆登上大郵輪之前，顏雲年也歡迎他們到陌園借宿一晚，日治時期作家張深切的養父張玉書，曾以〈將游大陸途至基津宿雲年詞兄陌園〉記下他的感懷：

> 詼諧能慰客中愁，大白杯浮話素秋，
> 笑我征途常汗漫，到君居處便勾留。
> 一泓池水光搖樹，四面雲山色遠樓，
> 如此園庭如此景，非時長得豁吟眸。

　　陌園今雖不在，陌園的歷史並未消失，顏雲年去世一年後，弟弟國年將他的詩詞，以及曾經題詠陌園的日治士紳詩作，編輯為《陌園吟集》，傍海枕山的「基隆故事」何其之多，發生在陌園的記憶篇章，僅是其中一頁而已。

　　從顏雲年的漢文詩詞、顏梅的日文短歌，一直到顏窈以日文演唱的流行歌曲，百年來，顏家以詩歌吟詠他們對故鄉的想望。從台灣頭走到台灣尾，許多地方都曾上演家族一代代的歌詠，再不還原、重現，將來徒存模糊失焦的老照片而已；關於「台灣人」，後代將知道的更少。

第三部
台灣史人物新論

第一篇

少年江文也

日治時期總督府的南洋政策裡，醫院、興學、辦報是三項最主要的懷柔策略，這三項無不充滿了台灣人的挫折體驗，其中，為時三十幾年的《全閩日報》，起初十年完全是一份台灣人辦的報紙，創辦人和主筆分別是音樂家江文也的伯父江蘊和、父親江蘊鋆，即使江文也的生平事蹟經過了二十幾年的不斷出土，這一段歷史至今仍鮮少人知。

江家的先祖是福建永定客家庄的大地主，因遭逢饑荒，江文也的祖父江國英渡海來到淡水附近的三芝開墾，開墾有成之後，逐漸以經商累積財富。江國英一共有四個兒子，長子江承輝，老二（養子）江永生遷居艋舺經商，老三江保生，別名江蘊和，他和日本政府走得很近。老四江長生是江文也的父親，以別名江蘊鋆闖蕩商場，江家雖然戶籍設在淡水三芝，江蘊鋆早已將家族事業遷往大稻埕，船隻貿易往來基隆、橫濱、廈門，家族氣象一帆風順。

一九一〇年六月，江文也出生在家族鼎盛的時期，他並不是在三
芝祖厝出生，而是出生在父親蓋的大稻埕新居。幼年江文也是在大稻
埕度過的，他喜歡去大稻埕住家附近、茶商士紳李春生創辦的大稻埕
教會，聆聽聖歌，而大稻埕原本富饒的南北管民間樂曲，也是江文也
幼年的音樂記憶。

江家的事業愈做愈大，除了老二留守台灣之外，老三江蘊和、老
四江蘊鏗紛紛移居廈門。一九一四年，才四歲的江文也跟隨家人搬到
廈門，父親江蘊鏗在廈門人文薈萃的港墘區蓋了一棟大厝，地點是水
仙宮後崗三十六崎頂，沒多久，長子江文鏘、次子江文彬（後改名為
江文也）、三子江文光就讀於總督府辦的旭瀛書院，三個兒子氣質翩
翩，人稱「港墘三少爺」。伯父江蘊和並不住在廈門市，他在十分鐘
水程遠的鼓浪嶼蓋了一棟洋樓，少年江文也喜歡待在伯父的鼓浪嶼洋

老大江文鏘（中）、老二江文也（右）、老三江文光，人稱「港墘
三少爺」，此圖攝於1934年的東京。

樓裡，租界地傳來的教會音樂和西洋知
識，相當吸引年少的江文也。

一九○七年八月誕生的《全閩日
報》，起初都由台灣籍民出資、經營，
出資最多的是林本源二房林爾嘉，他以
長子林景仁的名義出資兩千九百元，在
六千多元的資本額裡，林家投資了接近
一半，報社社址也是由林爾嘉提供；其
他出資者是顏雲年、江蘊和、基隆人許
梓桑、鹿港人施範其等。板橋林家雖然
獨挑大樑出資，並未直接介入報社的經
營。

對於這麼一份由台灣人主導的報
紙，一份台灣人的私人企業，日本駐廈
門領事菊池義郎非常不放心，最讓他頭
痛的是江蘊和的「忠誠度」，江蘊和
不願意起用精通日文的記者，反而聘了
兩位中國記者，這可讓菊池義郎耿耿於
懷。江文也的父親江蘊鋤一方面繼續經
商，同時也在《全閩日報》當主筆。兄
弟倆從辦報紙得來的文藝成就感很少，
反而是在仇日、反日的中國南方要辦一
份受日人監督的漢文報，政治文宣的壓

▲難兄難弟　臺北江蘊鋤氏。性沉毅。能
吟咏。亦瀛社一詩人也。去年秋間。來廈全閩
報社。贊助報務。改良擴張。今閱數月。諸務安
定。遂乘本期船大仁丸之便。附搭回臺。是日
拜送者。多蘊籍之人。惟該報社務之得以蒸蒸
日上者。全賴江君兄弟維持之力。故人多以難
兄難弟稱之云。

《台灣日日新報》報導江蘊和、江蘊鋤
這對「難兄難弟」，辛苦經營《全閩日
報》。

121

力高於新聞傳播的使命，讓江蘊和、江蘊鏐兄弟檔的辦報事業相當辛苦，《台灣日日新報》還曾經用「難兄難弟」形容他們的付出。一九一一年年初，一群台灣紳商組成「南清觀光團」前往中國南方遊覽，廈門一地自然是旅遊重點，負有採訪任務的《台灣日日新報》記者魏清德，特別寫了一首詩致贈同業江蘊和：

　　新聞不倦開風氣，言論如君得自由。玉椀蘭陵盛琥珀，快談記取大江頭。

　　兄弟君家不可當，文章事業兩堂堂。澤翁百話稱人格，此是篤行大自強。

同業魏清德以「文章事業兩堂堂」形容江家兄弟在廈門的風光，恐怕是說到了表面而已。《全閩日報》創刊時只印七百份，到了一九一〇年，版面擴充，發行份數也增加到一千五百份，銷售遍及漳州、泉州、台灣和東南亞。可

贈江君蘊和
新聞不倦開風氣。言論如君得自由。玉椀蘭陵盛琥珀。快談記取大江頭。兄弟君家不可當。文章事業兩堂堂。澤翁百話稱人格。此是篤行大自強。」
呈小竹旭瀛堂長
紳埕時如教育營。東西共認不須諭。毀江此日新桃李。回首春風滿七鯤。記會寶習在龍山。教誨諄々啓我頑。今日相逢殊愧怍。先生人格莫能攀。

1911年南清觀光團赴廈門遊覽時，魏清德寫給江蘊和、小竹德吉的贈詩。小竹德吉先前擔任滬尾公學校校長，是杜聰明的啟蒙恩師。

是，除了股東出資之外少有其他挹注，以至於虧損愈來愈大，在不得已的情況下，一九一八年由總督府內部的善鄰協會收購，淪為總督府南進政策的傳聲筒，根本脫離了創辦初期，台灣人為台灣人喉舌，同業魏清德的羨詞「言論如君得自由」。從此，江蘊和雖然仍掛名名譽社長，兄弟倆根本就離開報社，這時間，約莫是「港墘三少爺」進入旭瀛書院的時候。江文也在一九一七年入學，一直唸到一九二三年才前往日本讀中學。

江蘊鏗頗有文采，早在大稻埕經商得意時就加入了北台灣第一大詩社「瀛社」，詩文為懷的江蘊鏗，自然也影響了江文也的性格陶冶；江文也喜歡寫詩作文，文采更甚於父親。江文也以音樂成名，他的文學造詣長期以來受到忽略，已過世的詩人葉笛曾將江文也在東京出版的日文詩集翻譯為《北京銘》，足可看出他的文字才華。

一九一〇年代遷居廈門的江文也家族，反映的是台灣人在殖民統治下特殊的流動國籍認同，在廈門，他們是擁有治外法權的台灣籍民，可是，總督府的文化操縱策略，讓江文也的伯父、父親一起經營的台灣人報紙，僅維持十年便告易手。十年的時間雖然不長，《全閩日報》在台灣的報業史上也一直呈現開天窗的空白，不過，這段空白替一個天才鋪上了前進的路，當父親、伯父的報紙生涯畫上休止符時，江文也的音樂生涯才正進入序曲。

過去，一般對「少年江文也」的印象，僅停留在三芝、旭瀛書院而已。如今，藉著父親與伯父的廈門辦報生涯，「少年江文也」的印象更加清晰：從大稻埕到廈門鼓浪嶼，大人忙著刻鉛字，少年忙著捕捉音符，江文也的文藝養分可不是天上掉下來的。

第二篇

百年前從台北出發的記者

——魏清德的南清見聞

一八六〇年末，中國正處於晚清尾葉紛亂之際，中國人向外移民、尋找機會，並不稀奇，「唐山到台灣」替福爾摩沙引入一批批渡海的中國人。在那時候，一個五歲的小男孩，被正要渡海來台的一名「唐山」拐騙上船，這個「唐山」其實是亂世裡的人口騙子，他將小孩賣給竹塹魏家，魏家也是剛剛來台，苦無男丁。沒想到，這個五歲男孩一直沒有開口說話，幾年的時間過去了，直到九歲才開口，魏家幾年來以為買到的是一個啞吧囝仔呢！

這個九歲才開口說話的小孩，名叫魏紹南，字篤生，少年時代在竹塹受私塾教育，具有生員名銜，後來在新竹北門水田前街創立「啟英軒」，教授漢學達數十年。竹塹原本就具有漢學傳統，富戶大家鄭用錫、林占梅替竹塹奠下詩文風氣；魏篤生幼年即隻身上了渡台之船，他的心境一如晚年時在〈課子〉一詩所描述：「讀書明理資修養，守分

安貧莫怨嗟」，無形的知識財產，讓他立足於竹塹。

魏篤生以授課為業，他的小孩正是他的得意門生，長子魏清福聰慧過人，可惜青少年便死於瘧疾。次子魏清德（1888-1964）不僅活躍於日治時期詩社，他在《台灣日日新報》擔任記者與漢文部主任三十幾年的時間，是日治台灣時代的文壇領袖。三子魏清壬一生在新竹當醫生，「鶴山醫院」的牌坊仍依稀矗立於新竹的北門大街。魏篤生由於年幼就被賣到台灣，僅記得在唐山的家人姓「壬」，為了紀念先人，他將三子取名為清「壬」。魏清壬受到哥哥魏清德的資助而習醫，從此奠下「先生世家」的開端。魏清德一共有二子五女，兩個兒子魏火曜、魏炳炎分別是台灣小兒科、婦產科的元老，曾先後擔任台大醫學院院長；魏家極盛時期，台大醫院裡有五個魏家人，除了魏火曜、魏炳炎之外，還有魏火曜的兒子魏達成、女婿洪慶彰、妹婿歐陽培銓。

一、二十年前，媒體仍不時用「魏

幼年時隻身來台的魏篤生（前排中），在新竹北門水田前街創立「啟英軒」，教授漢學達數十年。

圖片來源／新竹市文化局

家幫」形容魏家在台大醫院的勢力，不過，隨著魏火曜、魏炳炎相繼去世，魏家早已從台大醫院淡出。源起於新竹的魏家，過去較為人知的是魏火曜、魏炳炎在醫界的影響力，新竹市文化局為了突顯魏家三代如何銜接新舊時代，特別請家屬提供文物、照片，在二〇〇五年九、十月舉辦「先生世家」紀念展，最老的一張照片攝於一九〇八年，魏篤生一家人著清朝服飾。兩年後，兒子魏清德剪去髮辮，一張著西裝的短髮照依稀看得到剛剪髮的痕跡。

　　魏清德剪辮的照片曾經大幅刊登在明治四十四年、也就是民國前一年的《台灣日日新報》上。當時台灣士紳興起剪辮風氣，在台北舉行的「斷髮不改裝」是報上的熱門新聞，這件事先在大稻埕區長黃玉階家開發起人會議，想要斷髮的台北人，可先到黃區長家報名，去《台灣日日新報》編輯部報名也可以，剪去髮辮的地點，就在梁啟超來台時，台北人設宴歡迎他的東薈芳酒樓。在一月底日本習俗的紀元節，「開盛大

魏清德在《台灣日日新報》擔任記者近四十年，是日治台灣重要的文壇發言人。
圖片來源／新竹市文化局

宴會，實行剪去」；另外，在大稻埕公學校也有舉行斷髮會的會場。

主催剪辮運動的《台灣日日新報》，除了列著數十位發起人、贊成人、報名者的大名，並且詳細刊載士紳們的斷髮日期，來自宜蘭廳的蔣渭水，在一月九日剪去髮辮；台北廳的杜聰明，也在一月三十日剪去。第一批剪辮的台北人，以謝雪漁、楊仲佐、黃玉階等人為主，「於正午同赴社內寫真部攝影，載諸報端，以紹介於世」，剪完髮辮之後必定拍照紀念，謝雪漁和楊仲佐在《台灣日日新報》工作，都是魏清德的同事。

一八八八年出生的魏清德，剛好考上第一屆新竹公學校，他是第一代受日語教育的台灣人，因為父親魏篤生教私塾的緣故，魏清德從小習字練畫，漢文底子相當好，公學校畢業後進入總督府國語學校就讀，當時一位鈴江團吉教授原本想資助他以官費生名義赴日留學，魏清德並沒有去成，但是他後來的遊歷，走得比同時代的許多人還更遠；教漢文的父親魏篤生也提醒他「西學東漸，格致精微」的時代趨勢。

總督府國語學校畢業後，魏清德在新竹一所中港公學校教書，他的才華很快就被《台灣日日新報》主編尾崎秀真發掘，聘他到台北的《台灣日日新報》擔任記者。魏清德號潤庵，日治時期台灣報刊上經常出現的署名「雲」、「潤菴生」、「佁儗子」，都是他的筆名。他因為熱中於維繫漢文，研習金石書畫，歷任北台灣最大詩社「瀛社」副社長、社長，且活躍於多個詩社，經常與士紳友人擊缽吟詩，「友人」的範圍相當廣，包括第一任文人總督田健治郎。魏清德的女兒魏淑順接受訪問時說道，幼年時在艋舺的家裡，家中經常有客人造訪，

尚未進門就傳來雪茄烟味的訪客，肯定是板橋林家的許丙，他喜歡和父親下圍棋，沒贏棋，不肯走；如果是飄著花香的訪客，肯定是酷愛蒔花的仲佐伯（前輩畫家楊三郎的父親）。

魏清德不僅經常在《台灣日日新報》發表詩作、譯述，嘗試寫小說，更因為記者身負的採訪任務，他遊覽台灣島內所留下的旅行記述，替大正時期台灣各地的地理風貌、風土民情，留下了一手的報導；此外，魏清德曾多次赴中國遊覽訪問，他陸續發表在《台灣日日新報》的「南清遊覽紀錄」、「旅閩雜感」、「滿鮮遊記」等，留下了本世紀初端，台灣人如何觀察中國的最直接紀錄。

＊　　　＊　　　＊

經過了日領台灣最初一兩年的內渡遷移潮流，待日本政府逐漸穩固殖民之後，台灣人前往中國，無論基於留學、生意，或者純粹遊覽觀光，都必須向日本政府申請「渡華旅券」。自十九世紀的最後幾年一直到一九二〇年代，台灣人前往大陸的人數相當少，一直要到中日戰爭爆發時，才會出現繼乙未割台的內渡潮流後，再一次的遷移波。

以一九一〇年來說，《台灣日日新報》曾公布當年「渡航對岸人數」，以及渡海去對岸的台灣人，為何而去：

展基　　　635人

墓地修理　67人

會葬佛事　58人

親戚搜索　277人

家族引取　　274人

商用　　　　1316人

貸金督促　　87人

視察修業　　28人

海員　　　　67人

其他　　　　69人

資料來源：《台灣日日新報》明治三十九年七月十日〉

　　從統計來看，生意人仍佔最多，與移民有關，為了修墓、尋找親友事由而申請去大陸者，佔第二多，其餘的人數相當少，整個一年裡，正式申請前往中國的台灣人，不到三千人。

　　在如此少量前往中國的台灣人裡，新聞記者所負有的報導任務，自然相當重要。筆者查閱《台灣日日新報》，發現首批正式組團前往中國訪問、遊覽的「南清觀光團」，恰好在梁啟超來台的同一年，也就是一九一一年的一月二日啟程，總人數五十七名，早上八點從台北搭火車赴淡水，中午時登上「大仁丸」。《台灣日日新報》一共派三人參加，分別是台灣人記者魏清德、日人記者水野應佐、事務員岡恂。

　　「南清觀光團」的團長是中青醫學士，副團長是水野應佐，隨行總幹事是台灣鐵道旅館支配人兒本富三郎，團員來自各行各業：辯護士、醫師、僧侶、藥商、寫真師、會社員、質屋、布帛及各種商賈，相當能反應在他們出發的前一年，也就是一九一〇年時《台灣日日新報》公布的渡航對岸人數統計裡的事由類別。

　　一九一一年一月二日一大早，日人穿西洋服，本島人也穿著正式的帽服，在台北的大阪商船會社出張所拍照，作為「南清觀光團」的行前留念。接著，團員先去台北驛，再搭火車往淡水上船，前來台北驛送行的朋友，希望魏清德能以「言文一致之體，詳記厥事，庶幾不遊者亦得讀其記事，想像其大槩」，未能一起旅遊的台灣人，莫不希望能藉著魏清德的遊記，略知中國的大概。

　　從台北驛發的火車，在「淡煙一抹，醞釀春陰」（魏清德語）的早晨出發，行經北投站時，「松濤園」旅館的女將列了一行隊伍，到月台送行。抵達淡水站後，團員搭乘大阪商船會社事先準備的小汽輪，登上「大仁丸」，大仁丸的山本船長特別為了南清遊覽團準備一個大客艙。十點半開船後，風浪相當高，團員為了擔心身體不適，都不敢吃午餐，僅有水野應佐一人到食堂午膳。觀光團的成員心裡很清楚，台灣海峽有著名的「黑瀨川」潮流，風濤激烈，團員們紛紛在客艙裡擁被休息，一直到了夜晚九點以後，風浪漸平，大家體力恢復了，才紛紛走出客艙活動。

　　隔天，一月三日，大仁丸乘潮流溯鼓浪嶼後，轉進廈門港，明鄭曾經叱吒此地，如今徒留空城。望著高聳的洋樓，魏清德下筆頗不客氣，「怒洋人之跋扈也」，舊稱鷺門的廈門，如今已是洋商的聚集地，洋人雖貪圖廈門的貿易便利，卻嫌惡此地，「廈門雖為船舶往來之區，然市街不潔，道路窄狹，臭氣薰蒸，西人雖貪其貿易之有利，然惡之」，為了逃避廈門市街的惡氣，西方人全都住到鼓浪嶼去了。

　　洋商為了躲避廈門的惡劣居住環境而聚集在鼓浪嶼，鼓浪嶼租界

的特殊地位，給予台灣人一處暫時脫離殖民國日本、也暫時脫離文化中國的三不管環境。那裡有一所由台灣總督府直營，專攻台籍子弟唸的「旭瀛書院」，當南清遊覽團抵達鼓浪嶼時，旭瀛書院的院長小竹德吉前來接待，午餐時候出現的另一位鼓浪嶼台灣人，是創辦《全閩日報》的館主江蘊和，他的名字雖然陌生，卻有一個大名鼎鼎的侄子──音樂家江文也，江蘊和正是江文也的三伯。

雖然江文也家族以台北縣三芝鄉落籍，但江家在江文也父親的那一代，已經移往大稻埕經商。一九一〇年出生於大稻埕的江文也，在小學的年紀來到了鼓浪嶼唸旭瀛書院，三兄弟就住在三伯的洋樓裡。被稱為「港墘三少爺」的青少年，在鼓浪嶼度過了求學的第一階段。

大仁丸裡一位同行的乘客，抵達鼓浪嶼後未再一起遊覽，原來他是板橋林家的林爾嘉，也就是林景仁（小眉）的父親。板橋林家於乙未割台後內渡至廈

▲蒞虛歡迎

南清遊覽團。月之三日抵廈

受全體居留民歡迎一節。已詳昨報。茲悉該團自廈啓行後。至汕至香亦均受香汕居留民歡迎。是該團之盛名遠播。有足令人起敬起慕也。茲月十九日。該團復自香港到廈。々門臺灣公。全途。於是日午前十勾鐘。在公會大開歡迎。先由團長青山潔君起席演說。表鳴謝意。次為耆紳施雲舫演說。對同鄉而生感情。

1911年初由台灣士紳、日本人組成的南清遊覽團，是台灣人組團赴中國遊覽的濫觴。

圖片來源／1911年1月20日
《台灣日日新報》

門，一起搭大仁丸的林爾嘉，回到林家位在鼓浪嶼的菽莊花園，處理家族事業。

南清觀光團繼續前往汕頭，「洋屋蟬聯，商店林立……汕頭之氣候溫暖，草木果實之種類，與台灣無異」，魏清德注意到，比起廈門的垂垂暮氣，汕頭可是充滿新進氣銳的朝氣；道路雖還是跟廈門一樣不乾淨，還算是可以走，外國人居住的地區，路廣闊，有人力車通行。汕頭市街上開設了相當多的布店、藝品店，價格貴，品質不甚精緻，讓喜歡蒐羅古董的日本遊客，相當失望。

南清遊覽團的旅行年代，在一九一〇年代的初期，中國、日本尚未爆發中日戰爭，自一八九八年起在中國福建沿海擁有「獨家租界權」的日本，享有治外法權和免稅的優惠，蓋有壯麗華美的領事館，設有學校和醫院，對初次赴中國南方旅行的台灣人來說，稱得上是很派頭的景象。汕頭的日本領事館裡，懸掛的字畫，落款者是李鴻章、吳汝綸等「支那名儒碩彥」，桌几上的裝飾則是來自文徵明的書畫。魏清德觀察到日本漢學家私淑中國古典文化的一面，而台灣，在日本的「文明化」殖民治理下，文明的程度超越同時候的廈門、汕頭，難怪觀光團的成員目睹了廈門與汕頭的市街衛生狀況之後，相當訝異市街的髒亂與疫氣。

大仁丸在一月四日的下午四點離開汕頭，前往香港，一行人在船上過夜，駛入香港碼頭時，已是隔天清晨七點了。「港內舸艦迷津，大小舟艇以萬計」，船太多了，大仁丸竟無碼頭可以停靠，遊覽團以小舟搭載靠陸，沿岸有不少的日本旅館，魏清德和同行的鄭鵬雲、鄭神寶一起住在日人經營的松原旅館。去到貿易之都香港，魏清德首先

拜訪在當地經商的台灣人蔡應運、紀玉環，和他們素昧平生，出發前，託艋舺友人介紹而「歡若平生」，這兩個「台商」跟魏清德聊著香港的貿易狀況，英政府採自由貿易，但各國的商人益發機敏，大宗貨品根本就直接貿易。

兩位台商帶著魏清德逛香港市街，聽到的全都是廣東話，可是，偏偏和在台灣的廣東人所講的話，完全不同，魏清德根本無從掌握，全賴兩位台商。當天晚上，遊覽團裡住在另一家旅館「清風樓」的旅伴，邀來了香港的三井會社、台灣銀行支店長一起晚宴，席上有一齣在台灣不易聽到的「黑奴舞」，魏清德特別記下了當晚的見聞：

一人扮黑面，裝束若黑奴，應絃合節，自言由故鄉被劫掠，往美國為奴，牛馬辛苦備嘗盡矣，遠望雲氣連天，家山不見，夜雨秋風，腮盈涕淚，乍喜主人今宵不在，將席卷其財物，逃歸面父母妻子，無事寄人門下為也。亡國遺民，祇餘野蠻面目，哀

南清遊覽紀錄（十一）
（泗庵生）

我來自汕。旋即往廣。輪船匆匆。未暇詳逐香港狀況。按香港在廣東省海岸。位置珠江河口。在北緯二十二度八分東經百十四度五分之間。去廣東省城約九十哩。去澳門約四十哩。輪船轉瞬可達。余因身體倦苦。又一行多不住。途滯留憤甚。各國之水往支那郡一日矣。陸地且始寘勿論。而航海則復蒞人始也。

魏清德發表在《台灣日日新報》的「南清遊覽紀錄」和「旅聞雜感」，留下了二十世紀初，台灣人如何觀察中國的最直接紀錄。
圖片來源／《台灣日日新報》

慘歌詞，我聞此語心骨悲矣。

類似這種航海時代的黑奴籲天悲劇，比比皆是，不過，在香港聽到以三味線自彈自唱的奴隸遭遇，對初次來到華洋雜處的香港的台灣人來說，確實是一次充滿異國震撼的體驗。

同行的旅伴鄭鵬雲有一位在廣東經商的朋友陳望曾，他想趁機拜訪，待「黑奴舞」演完，魏、鄭兩人便一同去先施碼頭，搭「法蘭西之香」廣便船前往。雖說是條便船，和大仁丸差不多大，船上座艙分為三個等級，一等艙內有藤桌藤椅，二等艙相當大，足夠容納一千多人，有藤椅、帆布床，提供報紙、蜜柑、酒肴；三等艙位在船下，靠近貨艙。魏清德在客艙內遇到一名二十幾歲的賣柑女子，三番兩次向他推銷蜜柑，魏清德不諳廣東話，打算不理賣柑女子。沒想到，這位賣柑女子「彼殊和容，不敢有些毫慍色，此則臺灣女子之夜叉其面、豺狼其聲者，所難同日語」，和顏悅色的賣柑女子，竟讓魏清德「對比」起他心目中的台灣女人形象──夜叉其面、豺狼其聲，實在是和船上的賣柑女子不可同日而語。魏清德對台灣女人的惡評，尚無法確知源自何處，不過，乍聽到台灣男人對女人的直接觀感竟是如此兇猛，是滿訝異的事。

他們搭夜行的「法蘭西之香」號往廣東，船上有印度人巡警，隔天清早由沙面登入廣東，他們先去日本總領事館，總領事瀨川氏也是一位精通漢學、能詩文的文官，領事館替南清遊覽團安排了三十多座轎子，分三批遊覽古蹟，魏清德印象最深刻的是一棟回教徒蓋的花塔，塔頂上有一個矗立了七百年的金雞人，隨風回轉，可惜今

已不存。七百多年前，阿拉伯商人就是跟隨著隨風回轉的金雞人，入港從事貿易。魏清德從領事館官員得知，廣東的輸入大宗是鴉片、紡織品、白砂糖、麥粉，輸出大宗是絹織物、爆竹、花蓆、桂皮、葵扇等，比同時代從基隆港輸出台灣的大宗貿易品，更加花俏。廣東市市街閭閻，密麻如魚鱗，遊覽團參觀了蘇東坡題款扁額的「六榕寺」、英法戰爭時被聯合軍佔領的「五層樓」，以及本為南越官吏宅邸，後改築佛像的「光存寺」等。

　　遊覽團在廣東市停留的時間，僅有短短一日，當船離開港灣時，回視這個匆匆走訪的大都會，發現輪船如織，帆檣和煙囪密密林立在港邊，船開了一個多小時之後，沿岸市街風景才逐漸消失，可見得港口有多大。魏清德不禁感慨：作為「南清大都會」的廣東，擁抱著珠江富源，反映的是「支那山川地域之廣大，城郭人民之稠密」，可是，國家保守退化，墜地不振，為歐美各國侵掠窺伺。出身廣東的康有為、梁啟超，究竟能改變多少，此刻尚不得而知。南清遊覽團在一九一一年一月出發，比梁啟超來台早一個多個月，也尚未爆發辛亥革命。不過，革命的種籽早已埋下。

　　遊覽團從廣東回到了香港，魏清德參觀了「集六洲各地溫熱帶植物」的太平山公園，比台北苗圃（今之植物園）大了許多，台北的圓山也比不上太平山的規模。一行人於電車中途下車，徒步走山路，魏清德訝異於山上到處宏壯廣大的洋樓，有些高樓已經有昇降機（電梯）了！雖然因為同行的青山團長走不動，一行人沒有登上山頂，魏清德仍寫下了他的太平山感懷：

俯瞰香江一港，宛然若大環，折巨靈數臂，紆迴護抱，則九龍之連山，太平山亦環抱與九龍相對，又有螺青數山，更重護港口。香江之成其為名港不虛矣，如此江山，支那人之所棄置，英人之所垂涎；支那人之所失敗，英人之所成功。

在香港經商的台灣人蔡應運、紀玉環，繼續導覽魏清德遊覽九龍，他們搭乘英國政府剛剛建好的九龍廣軌鐵道，規模比台灣的臺車大許多，形狀也不一樣。「乘車洋女，多帶耳環，嵌以寶石，黑奴面黑甚」，魏清德注意到，外國女性的裝扮，和當地看到的婦女很不一樣，皮膚黝黑，比較會打扮。魏清還注意到，香港的車夫苦力並非廣東人，而是操著與台灣人語言類似的福建漳泉附近人，由此可見，享土地天然之肥沃，又先開海禁的廣東，整體的富足程度超過福建，實在不該糟蹋先天的優勢。

南清旅行團回程時，又去了汕頭、潮洲、廈門，廈門排日風潮最盛，當地小孩看到遊覽團裡說著日語的遊覽員經過，「有小兒輩騎竹馬，見一行之遊覽員過，以竹擬肩上，曰銃擊日本。小兒尚如，況其他乎」。

返台後，魏清德在《台灣日日新報》連載〈南清遊覽紀錄〉，一共連載了二十二天。刊完之後，又接連刊了幾天的〈南清紀錄附吟草〉，將旅途中寫的詩，整理之後逐一刊登，例如，魏清德搭「法蘭西之香」號從廣東回香港的夜行之間裡，寫了十首詩，有的記錄名勝：「我過花塔讀六榕，東坡墨跡海內宗，彼曉達觀浪大化，快哉何地不相容」，有的感懷人物：「巨雷醒夢轟半天，風氣夙傳兩廣

先，康梁絕叫唱政變，我讀其傳淚漣漣」，也有下筆留名的期勉：「入海潮聲漸壯大，巨靈東折峭無偶，文章若得江山助，太史何嫌牛馬走」。

　　對於旅途中結識的友人，魏清德也贈詩致意，例如，創辦《全閩日報》的江蘊和、江蘊鋈兄弟，也就是江文也的伯伯和父親，是南清遊覽團這次旅途中結識的新聞同行人物，魏清德寫下〈贈江君蘊和〉：「新聞不倦開風氣，言論如君得自由，玉椀蘭陵盛琥珀，快談記取大江頭」。〈南清遊紀錄〉在報紙刊出後，引起了讀者迴響，一位日人讀者櫻井兒山，寫了一首詩回應，刊在報上：「驛夫夕致臺灣報，連揭潤菴遊清詩，首是臺北發軔句，尾為鷺門解纜辭，高樓府觀鼓浪嶼，吟筇徜徉普陀祠，雖不能過白鹿洞，歷觀漢滿兩文碑……」

　　魏清德第二次去中國，是在大正四年九月十四日，由任職的《台灣日日新報》派去位在福建的《閩報》，負責去當地擴張經營。他搭

魏清德除了發表遊覽見聞之外，也發表了旅途中的詩作吟草，皆可視為旅遊文學。
圖片來源／1911年1月20日《台灣日日新報》

乘「安平丸」去，直到隔年的一月七日才搭湖南丸回台。他趁外派到福建期間，寫下了一系列的〈旅閩雜感〉，從大正五年一月二十九日起，在《台灣日日新報》連載了二十八篇。

在福州的外國人，勢力最大的是美國。日本人在福州者，相當少，不過一百八十多人而已，包含了領事館、三井會社、臺灣銀行、臺華郵便局、學校等機構聘僱的人員而已；也有一些獨立經營的生意人，像是公隆洋行、石田洋行。日人在當地的娛樂機關，除了俱樂部之外，就只有大和館、武藏館等少數一兩家旗亭和旅館。

那麼，在一九一○年代中葉，多少台灣人住在福州？也很少，約三百五、六十人而已，這麼少的人，分成「在來」、「歸化」兩種，「在來」指的是近年來移民到福州的年輕人，七、八成會說日語；「歸化」指的是過去在福州發展成功的台灣人，富保守性。外國人辦的學校，頗為重視女子教育，「新女之呼聲頗高」，這也讓魏清德頗為重視。

〈旅閩雜感〉絕大多數的內容是魏清德訾論時政，並沒有太多的風土民情記載、遊歷見聞，在倒數第二篇的連載裡，魏清德回答了一般人最常問他的問題：跟上一趟比起來，中國有進步嗎？他的回答是肯定的，「五六年前乘大阪商船，泛南清航路，寄港于鷺門汕頭香港廣粵之間，當時凡百狀態，去今之世愈遠，警官兵士，服裝襤褸，警官執棒而立，欹頭靠壁，狀若甚憊；兵士臥吹喇叭，或出入酒樓戲臺之間，或挾娼酗酒，聚賭街頭巷角。今雖敗絮其中，形式上猶尚幾分可表見也，他如衛生路政、學校教育，積日改良，以今日之福建視昔日之廣東，有過無不及者；然則今日之廣東，其進步

魏清德（前右二）的長子魏火曜（後左一）是台灣著名的小兒科權威，生前擔任台大醫學院院長，長媳顏碧霞出身基隆顏家。
圖片來源／新竹市文化局

不大有可觀乎，戰國之世，彼此爭競……」

　　雖有進步，可是，處在戰爭亂世，談不上抽象的福祉，祇能在乎衛生路政、學校教育，其他則不敢多想。和魏清德一同在《台灣日日新報》擔任記者的李逸濤，新舊學兼治，是日治時期作家裡，以文言一體的特有白話文，嘗試撰寫現代小說、偵探小說的探路型作家，他曾在一九一〇年代前後三赴廈門，也有〈鷺游雜記〉發表在《台灣日日新報》上。

　　眼見廈門一地所呈現的盛衰變化，李逸濤不勝感慨，不過，世界上哪個城市不是一樣的起起伏伏嗎？依他的方法，不妨登高看看

吧:「試一登望高石之頂上,俯瞰其周圍,有煙火十萬戶,綿亘七八里,高下參差,窈而深、繚而曲,如蟻穴,如蜂房者,非廈門也耶。顧當一百四五十年前,鄭成功據以抗天下之全師,孤城落日,鼓角蒼涼,又詎知有此雲蒸霞蔚之大觀,竟能左控臺灣、右引南洋,旁通歐美……」是啊!廈門曾有她的時代,不過,盛極而衰,李逸濤看到的是正在走下坡的廈門。

怎麼說呢?「廈門自歐戰南北戰相繼而起,商況亦既稍衰矣,其所以然。蓋為廈門本集散之地,舊時出口之貨,既不及進口貨之多,而以灌注,如南洋華僑莫大之進款,復戛然而中止」,依李逸濤的解釋,廈門本來就是集散之地,戰爭影響她的地位,再加上有戒懼之心的南洋華僑,不再撥款融通,自然會面臨衰替。

魏清德、李逸濤都是從淡水出發,前往中國南方城市遊歷的第一代台灣記者,將近一百年前,對大多數尚不

戰後,魏清德服務於金融業,雖脫離記者工作,仍致力於詩文寫作。圖為晚年照。
圖片提供/新竹市文化局

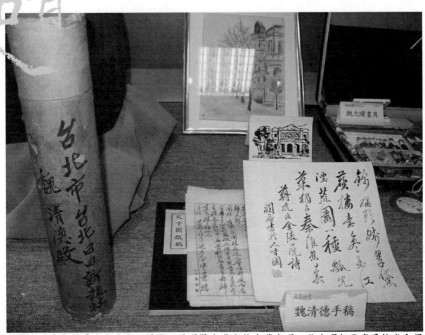

新竹市政府舉辦「先生世家」展覽，呈現醫生世家的文藝表現，魏火曜相當喜愛繪畫和攝影。
攝影／謝金蓉

能自由旅行的台灣人來說，等於透過他們的筆，他們的〈南清遊覽記錄〉、〈旅閩雜感〉、〈鷺游雜記〉等文章，約略認識中國，約略認識除了殖民母國日本以外，另一個更應該認識的國度。

出生於新竹的魏清德，父親來自清末尾葉的中國，魏家在竹塹立足，第二代魏清德搬家到艋舺，是日治台灣時期任期最久的記者；第三代魏火曜是台灣著名的小兒科醫生，「先生世家」最讓人唏噓的一段，莫過於魏火曜晚年時，他那「外科名刀」兒子魏達成中風倒在手術台上，魏家對台灣醫界鞠躬盡瘁的傳奇，必須追溯到他們的父親魏

清德、祖父魏篤生。魏家從何處來、往何處去，是台灣家族傳奇裡很特殊的一章。

在旅行文學蔚為文壇顯學的今天，在台灣受新式教育的第一代知識分子，如何以漢詩、新式白話文夾雜的文體寫下他們的跨國旅行見聞，是華語語系文學裡，相當具有台灣本位的風景誌書寫。其中，首先前往中國旅遊的新聞記者魏清德，寫下了百年前台灣人旅行中國的「南清」體驗。

第三篇

賴和去廈門 更加悲天憫人

中日戰爆發以前，赴中國旅遊、留學的台灣人，相當少。以一九二四年於北京成立的台灣青年會來說，成員多屬台灣望族子弟，以短期赴大陸旅遊、留學居多。有人赴中國觀光而寫詩作紀念，有人則是因為朋友前往，特地賦詩提醒，以「台灣新文學之父」著稱的賴和，在他許多的白話詩裡，有一首相當特別，他的好友礦溪詩人陳虛谷即將赴中國觀光，賴和特地在陳虛谷出發之前，以一首詩〈送虛谷君之大陸〉，耳提面命一番：

為什麼？學已成就，
再想乘風破浪、遠渡神州。
那將要陸沈的錦繡河山，
也許人們自在優游，
隨地徵歌索笑，
到處選勝探幽。

1918-19年，賴和以總督府醫官的身分前往廈門博愛醫院任職。
圖片來源／《賴和影像集》

但我很盼望——

——汝——早日歸來，

為同胞灑幾點熱血，

替鄉里出一臂氣力。

這才算——是，

吾們莫大的事業，正當的理由。

　　如同賴和所說，吾們台灣同胞「莫大的事業」，應是為鄉里出一臂力氣，前往中國，不過是一時的嚮往。除了以白話詩提醒友人，賴和另還有三首

賴和（右二）和翁俊明（右一）是總督府醫學校同班同學，翁俊明是醫國醫人的革命先驅，如今，知名度不及他的孫女翁倩玉。
圖片來源／《賴和影像集》

漢詩，前前後後圍繞著陳虛谷的大陸行，裡頭說道，「**生來職責居先覺，忍把艱難付後人**」，賴和心裡有點不平衡，一樣是出身彰化的文人，陳虛谷卻赴中國旅遊，留下賴和一人待在彰化。不過，半年後，陳虛谷回來了，賴和高興之餘，以詩寫道，「**談吐仍留豪氣在，詩詞應貯錦囊歸**」，曾經去過廈門行醫的賴和，多少能知道中國的發展，他在給陳虛谷的詩裡寫道，「**今日中原無淨土，匡時大任屬青年**」，中國將來的大任落在青年身上，友人應該也有體認。

＊　　　　＊　　　　＊

　　二○○六年七月，首家台資開設的旺旺醫院在湖南長沙揭幕，輿論譁然。低調布局的旺旺集團，延聘前台大醫學院院長陳維昭、前台大醫院院長李源德前往長沙，這是繼巫和懋等財經學者轉往中國任教之後，第二波專業人士出走，而醫生的特殊身分，更使得「西進中國」增添了複雜的色彩。

　　由於日治時期殖民教育使然，醫學是少數能在台灣本土完成的高等教育，總督府醫學校是台灣第一座白色巨塔，百年來掛著一塊沒有褪色的「本土」招牌。

　　一九○九年，總督府台北醫學校進來了三個新生──杜聰明、翁俊明、賴和，杜聰明來自台北縣，翁俊明來自台南，賴和來自彰化；和今天的大學入學考試一樣，這三個新生代表了那一年台灣初長成的少年菁英，他們入學的年紀更早一些，才十六歲就進入了「第一志願」的習醫殿堂。

這三個同班同學感情相當好,一起住在學校宿舍,三個人都加入了醫學校學生組成的「復元會」,課餘時間,常在大稻埕的江山樓聚會聊天。「復元」,乃有恢復健康、光復台灣之意,雖然身處殖民地台灣,他們關心中國的革命進展,小小年紀就想辦法籌款資助中國的革命黨,募得的錢就託給留學漳州的朋友王兆培。

三年級時,杜聰明、翁俊明,以及小一屆的蔣渭水,受到辛亥革命的刺激,計畫以霍亂菌暗殺袁世凱。這項計畫雖因過於天真而終告流產,卻也看得出這三位醫學校學生不凡的膽識,儘管他們畢業後各走各的路——杜聰明發揚醫學研究精神;翁俊明前往中國南方加入國民黨,孫女翁倩玉的名聲幾乎掩蓋了他的革命奉獻;蔣渭水日後領導台灣文化協會,一樣樹立了一代人物的典範。

在醫學校期間並未直接參與暗殺袁世凱行動的賴和,當時已是同學裡最勤於寫作的一個。蔣渭水、翁俊明以醫生革命家留名後世,賴和不遑多讓,台灣史上「醫生作家」相當多,「新文學之父」卻只有一位,就是賴和了。

一八九四年出生在彰化市街的賴和,祖父原本嗜賭,改學拳法之後,遠近馳名;此後,祖父、父親兩代皆為弄鈸的道士。賴和十歲唸彰化公學校,影響他較大的,是十四歲起加入地方父老延請漢儒黃倬其所開的私塾「小逸堂」,在此認識了多位一輩子的朋友。賴和雖是新文學第一代的旗手,自幼養成的漢文底子讓他終其一生保持寫作漢詩的習慣,「小逸」諸友就是最主要的詩伴了。初次離家北上,在台北唸醫學校期間是賴和漢詩寫作的盛產期,除了身世之感、少年情愫、風土詩之外,最特別的是「小逸堂」同學石錫烈、詹阿本赴廈門

求學，賴和寄呈多首友誼之詩。

眼看同學杜聰明、翁俊明敢於介入時事，賴和把身世之感形諸文字，「如此江山竟沈淪，未知此責要誰肩」，他開始想探索台灣的身世之感，一九一二年年假期間，賴和和杜聰明兩人從台北出發，走回彰化，「相隨難得有聰明」，兩個年輕人總共走了五天才抵達彰化，沿途經過多處抗日事件發生地，賴和為此次步行寫下了許多哀史詩，這次的「文化體驗」，即使同學過世多年，杜聰明仍經常和女兒杜淑純提起。

一九一四年，賴和從台北醫學校畢業後，短暫在醫院實習之後，前往嘉義醫院工作，與日籍醫生相比之下的差別待遇，令賴和很不平，他在自傳性的小說〈阿四〉裡寫道：「醫院簡直不承認我們是一個完全的醫生。唉！這樣的侮辱。」已經踏入社會的賴和，不能回到醫學生時候一樣，停留於寫詩抒懷而已。一九一七年六月，賴和回到彰化仔尾故居，決定自己開業。

接下來的發展，到今天仍是文學史的一塊謎團，就在賴和返鄉開業沒幾個月，一九一八的二月的《台灣日日新報》赫然公布，總督府為了製造「日華親善」氣氛而在鼓浪嶼設置博愛會廈門醫院，為此而特別聘任的總督府醫官裡，出現了賴和的名字。

賴和就是第一批前往廈門的台灣醫生，先前不滿總督府差別待遇的賴和，為何首當其衝，願意去廈門？賴和哲嗣賴燊分析，可能是因為那年年初賴和長子出生三個禮拜不幸夭折，傷心的賴和想換換環境。另方面，賴和自己在〈歸去來〉這首賦歸詩裡提到，「十年願望一朝償，塞翁所得原非福」，自己會踏上中國，非一蹴可幾，而是累

積了十年的願望。按時間推算，十年前他初入醫學校結織的同學杜聰明、翁俊明，兩人都為了呼應「復元」會而有實際的刺袁行動，而他自己呢？老是賦詩為文，如今有了前往中國的機會，而且是發揮自己的醫生本行——此一動機的可能性也相當大，不過，一心以為到了對岸也能「醫國醫民」的賴和，去到了之後，可是另當別論呢。

　　一九一七年的廈門，位居中國南方要港，內外各地交通往來相當頻繁，人口約有十多萬。在廈門的台灣籍民約有三千多人，台灣人開的西式醫院有兩家，從總督府醫學校畢業而去廈門開業的醫師，約有十位。日本政府為了在廈門租界進行華南工作，選擇從醫療、辦學等文化工作入手，博愛醫院雖以財團法人的形式設立，由日本人、中國人、台灣籍民共同發起，實則由台灣的總督府出資，人事、收費都必須先與總督府協商，創辦之初，聘有院長，內、外、眼、婦產等科部長，台灣醫師五名，護士日本人、台灣人各四名，他們領的是總督府

○鷺江鯉信

▲渡臺計數。自陰曆正月以來。所有自廈門渡臺之勞働者。至今統計之。合共有二千餘名之譜。以平均按算。每期船僅有二百餘名而已。然目下茶業開市。其有渡臺營茶工者。日增月盛。則此後之加增其數。不限二百餘名者。固在意中事也云。

▲大仁大義輪船。往來於臺廈之間。每期配運之商品。雖為數無多。然出入大宗。固可於此而覘其梗概。如自臺北運廈之商品。當以茶葉為大宗。而豹粉次之。若自廈門運臺之商品。則以煙菜為大宗。而枋片、火灰、次之。此為臺廈交換之商品也云。

▲臺廈交換品。據最近之調查者所稱。現大

▲放大光明。廈垾富紳王振煌君。素營業於南洋泗水。近鑒於時局之變遷。思欲拯華僑於黑暗之中。因提倡組織報社。名曰漢文新報。經於客秋出版。當事者為莊嘴谷氏。亦廈岸新學界有名者。該地自得漢文報出現

日治時期，「兩岸」的往來並未中斷，報紙多闢有廈門、福州、上海的動態報導欄位，圖為《台灣日日新報》報導廈門近況的專欄。

博愛醫院創立於1917年底，1930年代擴建新的院舍，目前醫院舊址改作為療養院。

基層技官的薪俸。

一九一七年十一月十四日正式成立的博愛醫院，先租用位於鼓浪嶼島西仔路頭，板橋林家林爾嘉兩層樓洋房一共兩棟，由總督府聘請台北的土木業前往廈門動工改建。與鼓浪嶼僅有十分鐘水程的廈門本島居民數多得多，一九一九年初也是採改建林爾嘉位在柳州府房屋的方式，興建博愛醫院廈門分院。根據已故日本學者中村孝志的查證，廈門分院首位主任就是從台灣來的賴和。賴和先去鼓浪嶼的本院工作，翌年五月到廈門分院，僅當了兩個月的主任，七月就

賴和停留廈門期間，四處遊歷，寫作大量漢詩，「祖國憧憬」由濃轉淡。
圖片來源／《賴和手稿集》

退職歸台了。

　　一年多的廈門羈旅期間，賴和寫了許多漢詩，首先是啟程時所寫的〈元夜渡黑水溝〉，他描寫在渡船上所見：「幾點寒星當馬尾，一團雲氣辨雞籠，舟人圍坐閒相語，北斗依稀尚半空。」同船前去的舟人，一同圍坐聊天，有人去留學、有人去做生意，有人則是單純是去遊覽而已。賴和雖然是去廈門行醫，不過，他在旅途中的詩作不一定和行醫有關，風土詩佔了一大部分，包括有〈漳州雜詠〉、〈廈門雜詠〉、〈舟入泉州〉等，在「萬國旌旗迎日展」的廈門，彷彿是中國大陸一處小小型的聯合國，圖謀中國利益的列強，莫不在鼓浪嶼築有殖民地式建築，每一幢房舍前，「門牌國籍註分明」，只有在這塊化外之地，「笙歌惟此是昇平」，才聽得到安全無虞的歌舞聲音。地處華洋交錯的廈門，偶而看見的富人洋樓，蓋在佛家無垢的寺廟裡，叫賴和覺得奇怪。至於在廈門的鄉村，田野荒蕪、雞犬不寧，看不到昇平和樂的景象，賴和見到的廈門鄉村，不過是「零亂瓦磚餘劫火，流離骨肉感飄零」。

　　在一首題為〈曾厝垵〉的漢詩裡，賴和道出了一個滄涼的故事：一棟叫作「連雲大廈」的房子，悄悄無人，庭園裡長滿野草，樑上呢喃著新飛來的燕子，不曉得這棟屋子為何人去樓空：「半世艱難別業成，歸來好自樂餘生，誰知第宅經營就，行李匆匆又遠行。」賴和旅行到這個村莊，發現村子裡的房子大多無人居住，他找到了當地猶存的野老詢問，才知道這些房子原本是當地人蓋的，青壯年時去南洋發展，被稱作「南洋客」，年紀大了想告老還鄉、回到廈門築屋。沒想到，一些無賴的親戚朋友知道這些發達的南洋客回來了，不時上門

叨擾，再加上地方官府也想辦法剝奪，這些無奈的廈門人只好棄屋而去，繼續去南洋，即使寄人籬下，一輩子當南洋客的「非人格生活」（賴和語），也比當個廈門人，安然多了！

短短一首詩，賴和發揮了田野性格，以悲天憫人的報導文學筆調，告訴後代讀者一個豐富、波折的故事。類似的故事，在賴和的漢詩裡相當多，懸壺濟世的賴和，自然會對人的生老病死特別敏感，例如他旅行到同安時，看到街市上有人專門以注射瑪琲（今之嗎啡）為業，上門的患者趨之若鶩！賴和看到此景，心裡非常不忍，他一邊「淚滂沱垂」，一邊不忍心地寫道，「人病猶可醫，國病不可醫」，一個人生病了，尚可醫治；一個國家生病了，是怎麼樣都醫不了的。嗜毒如命的鴉片癮者，竟然連吞吞吐吐都覺得浪費時間，請人

賴和從廈門回來後，參與二〇年代的抗日文化活動，圖為他贊助《台灣青年》的新年廣告。

來注射嗎啡，「效果」更迅速。賴和看到這些自願接受嗎啡注射的癮者，全身能扎針頭的地方，都扎遍了，整個人的皮膚起了癥結，恐怖有如蛇皮，但，這些受注射的人絲毫不認為自己在受苦，反而充滿感悅，這讓賴和看了，實在是淚流不忍。他一嘆再嘆：「今無醫國手，坐視罹瘡痍」，今天的中國就是因為缺少能醫國家的領導者，才會坐視整個國家，滿目瘡痍。

賴和去中國的時間並不長，卻是銜接新舊文學的日治文人裡，在中日戰爭之前稍早一點去中國遊歷的一位，「中國經驗」讓他相當挫折，學生時代像出痲疹一樣的「祖國憧憬」，從中國歸來之後有了轉變。歸來台灣，益發覺得「四顧茫茫孤島峙」，台灣，一個懸在大陸以外的孤島，生生息息，恐怕得靠台灣人自己打拚，二〇年代的台灣，當同業、朋友紛紛投入抗日文化活動時，賴和不甘當一個醫界的閒員，他勤於寫作，兩度入獄，為醫生／作家／知識分子所樹立的典範，至今仍讓後代人緬懷不已。

至於那讓賴和的「祖國憧憬」轉濃為淡的廈門博愛醫院，一九三〇年代中期以後擴建新舍，醫界前輩魏火曜曾在一九四二年間前往就職，一樣也是擔任總督府醫官，不過，在戰爭期間中國南方的反日聲浪下，博愛醫院終非久計，一度被日軍徵收，戰後熄燈，如今醫院的舊址改作為療養院。

百年後的今天，新一代的台資紛紛前往中國蓋醫院，醫界特別容易呼喊出來的「醫國醫民」出發點，就看能不能通過時代的考驗。歷史早就替醫院下了診斷：失去明確「國家」「人民」對象的白色巨塔，轉眼就成了廢墟。

第四篇

前輩畫家的迷思

──廖繼春、李澤藩、黃清呈

其一，廖繼春》

用構圖的圓滿，彌補人生的不圓滿

上帝是公平的，前輩畫家廖繼春在一九七六年去世，至二〇〇六年為止，剛好三十周年紀念，比起和他同輩的畫家，廖繼春走得早了許多，楊三郎和李石樵都在一九九四年過世，廖繼春比他們少了近二十年的繪畫生命。一九八〇年代中葉以降，楊三郎、李石樵的晚年見證了前輩畫家畫作飆漲的高峰期；而且，隨著本土意識高漲，兩人也幾乎被圖騰化成為本土藝術的國寶。而廖繼春呢？少畫了二十年的廖繼春，他的作品量少了許多，而且，廖繼春生前僅在中山堂、歷史博物館辦過個展，他的畫並未進入畫廊體系運作。

篤信基督教的廖繼春，生前可能沒有料到，在他去世之後的二、三十年間，上帝更加眷顧他。早在九〇年代初，台灣剛開始興

廖繼春自畫像。廖繼春深受日本畫家梅原龍三郎的影響，另一位大受梅原龍三郎影響的是郭柏川。

起拍賣風氣時，廖繼春的畫作在拍賣市場裡早已到了一畫難求的地步，成交價屢屢創下紀錄，近年來的進展更是驚人，二○○六年六月在台北舉行的羅芙奧春拍，廖繼春一幅三十號油畫「運河」，以台幣八○八五萬元成價，刷新廖繼春畫作全球成交紀錄，也是目前為止，前輩畫家油畫作品的最高拍賣價。在這之前的五月，廖繼春另一幅油畫「花園」以近七千萬台幣，在香港佳士得春拍裡落槌。這一幅「花園」曾在一九九四年時拍賣出一千五百四十萬元

1920年代，東京美術學校的台灣留學生圈子裡，熱情且富領導氣質的陳澄波（後排中），最讓同輩和後代感懷。前排左二是廖繼春。

的高價，十年來漲了四倍多。

廖繼春的畫作能在拍賣市場上屢創佳績，一個最主要的客觀因素，不外乎是「物以稀為貴」。進入拍賣市場裡哄抬的畫作，畢竟是少數，廖繼春和絕大多數的畫家一樣，一生當中面臨過困頓與窘迫，簡陋的宿舍和畫室漏水時，用畫布去塞補；學生親友結婚時包不出體面的紅包，那就送幅畫吧，當時收禮的人心裡或許感到失望，他們萬萬沒有料到，油畫上頭「繼春」的簽名，在半世紀以後的拍賣會上是一塊多亮的招牌。

當然，那些拿去堵漏水、代替紅包的畫，絕大多數都找不到了。

一九〇二年出生的廖繼春，豐原人，母親早逝，父親另有人生伴侶，他的童年是由兄嫂照顧長大的。廖繼春能夠去東京留學，是妻子林瓊花娘家提出來的結婚條件，家境不錯的林瓊花，主導了廖繼春大部分的生活作息和社會交往，就創作面來說，廖繼春的友輩和學生都知道，影響廖繼春最大的是陳澄波和日本西畫家梅原龍三郎。

一九二四至二七年間，廖繼春就讀於東京美術學校，同班同學有陳澄波、顏水龍、張秋海。個性熱情率直的陳澄波，不同於廖繼春的溫和內向，一九二七年東京台灣學生會替該屆畢業生舉辦的送別會上，致詞的畢業生代表就是陳澄波，他從學生時代就煥發的領袖氣質，是廖繼春比較欠缺的，他們倆感情相當好。

眾所周知，陳澄波猝死於二二八事件，對摯友廖繼春來說，陳澄波之死是一次永遠的打擊。第一位住進廖繼春畫室、長期跟隨廖繼春學畫的畫家郭東榮，從小在嘉義成長，二二八事件時親眼目睹陳澄波被綁在大卡車上繞街示眾，然後載到嘉義火車站槍決。郭東榮永遠忘

不了這駭人的畫面，可是，在廖繼春身旁跟了二、三十年，他擔心老師受不了，始終沒有向老師說出他曾經目睹的真實場面。

一九三〇年代，廖繼春三度偕同梅原龍三郎寫生，影響他從早年的鄉土風格，轉而探索野獸派的表現。可是，戰後歷經陳澄波之死和大環境的禁閉，廖繼春始終沒有明顯的突破，有一次去高雄港灣寫生竟然遭到逮捕，警察確定他只是單純的寫生之後，才將他釋回。

隨著時代前進，當學生輩開始呼吸到抽象畫的新鮮空氣時，廖繼春也極想突破，一九六二年赴美國考察，是廖繼春重要的轉捩點，他大受抽象繪畫影響，返國後一直到一九七〇年期間，畫風轉向抽象畫嘗試，二〇〇五年在佳士得春拍時以超過一〇七〇萬港元成交的油畫「西班牙古城」，就是他返國之後發表的轉型作品，也是他平生探索形色與層次表現的代表作。

富有抽象律感，色彩輕雅柔快的「花園」，也是風格轉變之後的代表作，這幅五十號大畫首次出現在拍賣市場上，是一九九四年傳家拍賣公司舉辦的春季拍賣會上，由台中一位陳姓醫師提供，以一千五百四十萬元成交，創下九四年以前，台灣拍賣會上油畫作品的最高成交價紀錄。

第一位以廖繼春研究作為學位論文的王素峰說過一個有趣的觀察，從一九二六年之後的三十幾年時間裡，廖繼春沒有再畫過粉紅色；一九六二年之後畫風趨向抽象與開放，粉紅色又重新回來了。「花園」讓人感受到粉紅色的輕快，「運河」這幅油畫一樣也有輕快的和諧與律動。

廖繼春的構圖有一特色，他喜歡將主體放在七分滿的位置，天

廖繼春1974年的油畫作品「運河」，在2006年的春季拍賣會上以8085萬元成交，創下前輩畫家的油畫作品拍賣價。

圖片來源／羅芙奧拍賣公司

空只佔畫面的十分之一、二左右，圓弧的水平線，使得畫面飽滿而紮實。在前輩畫家裡，廖德政也喜歡這樣的構圖。廖德政的父親廖進平死於二二八事件，和廖繼春一樣，慟失親友造成永遠的打擊。我們很難斷定，他們是否藉由構圖的圓滿，彌補人生的不圓滿，但有一件事是可以確定的：政治面的二二八或許日漸釐清，文化面的二二八仍有待深掘。在一個禁錮的時代氣氛下，廖繼春畫得出奔放的粉紅色嗎？

　　藉由拍賣會的舉行，像「花園」、「運河」、「西班牙古堡」一樣富有傳奇的畫作，重新在世人面前亮相，廖繼春已經是國際拍賣市場上

的台灣國寶，在香港的拍賣會上，外國人可能無從理解，歷經台灣政治變化的前輩畫家，付出過多少失去親友的代價，才能畫出圓滿的構圖、奔放的粉紅色；台灣人對前輩畫家的作品，不應該再有無知的藉口。

　　量少質精的廖繼春作品能夠不斷在國際拍賣會上亮相，收藏家在背後付出過承先啟後的貢獻。廖繼春的畫作生前並未進入畫廊系統，多是由家族親友直接購買收藏，以及少數幾位企業家對他的收藏喜好。廖繼春的林姓女婿任職於中鼎工程，他有一位外科醫師兄長，這位林醫師除了自己收藏廖繼春的油畫之外，更重要的是，他介紹了一

1962年赴美考察回來後，廖繼春的畫風轉向輕快、抽象，「花園」裡奔放的粉紅色就是轉變風格之後的特色。

位重要的收藏家林柏欣進場，林柏欣僑居美國，早年曾擔任美援委員會的美方代表，他是第一個有計畫向廖繼春買畫的收藏家。林柏欣另一個更重要的貢獻，是他推薦企業家蔡辰男加入典藏廖繼春的行列。

蔡辰男從一九七〇年代開始收藏廖繼春的畫，他不僅被動地買畫，還主動去廖家請求，請廖繼春支持他成立的國泰美術館。廖繼春就在蔡辰男的邀請下，努力創作，一度還被蔡辰男禮遇到淡水的別邸作畫。總計蔡辰男收藏的廖繼春作品，約在二十至三十幅之間，九〇年代初，台灣開始興起拍賣市場時，蘇富比拍賣公司為了壯大聲勢，邀蔡辰男釋出幾幅畫供蘇富比拍賣。蔡辰男為了紀念廖繼春而在國泰美術館舉辦的逝世二十周年紀念展，更是畫家／收藏家如何互動的一次完整呈現。

廖繼春的次子廖述文曾擔任國華產物總經理，國華產物的董事長林有福生前也買下七、八幅廖繼春的畫，這些畫後來由女兒林瑞容繼承，包括一幅廖繼春在一九三五年畫的「嘉義公園」。

廖繼春去世之後才加入收藏隊伍的買家，一是收藏家葉榮嘉，他擁有「龜山島」、「台南孔廟」等數幅；「龜山島」這幅畫是一九九二年蘇富比首次在台灣舉行拍賣會時，葉榮嘉以七〇四萬元成交價購得的收藏。

另一位重要的買家是國巨電子董事長陳泰銘，二〇〇六年拍賣出八〇八五萬元天價紀錄的「運河」，就是出自國巨基金會的收藏。活躍於拍賣市場的陳泰銘，曾經好幾次在拍賣會上標下廖繼春的畫，一次是蘇富比九三年秋拍時，以五五五萬元購得「漁港」，這幅畫作於一九六六年，也是廖繼春返國後開啟抽象風格的代表作，在拍賣市場

上一直很搶手。陳泰銘另兩幅在拍賣會上成交的廖繼春畫作，分別是
「抽象風景」和「裸女」。

　　不少企業家在拍賣市場活絡的九〇年代前半葉，以實際行動表達
對前輩畫家的推崇，像是九四年慶宜舉辦秋拍時，建弘證券總裁洪敏
弘以二四二萬元成交了廖繼春一幅較小的六號油畫「淡水」，替廖繼
春衝破了每號四十萬元的紀錄。

　　即使拍賣會上風光落槌，擁有廖繼春生前大部分畫作的家屬，一
直希望能將他的重要畫作典藏在美術館，這件事在次子廖述文的奔波
之下，包括入選帝展的重要畫作「植有香蕉樹的院子」等捐贈給北美
館，並且成立兩千萬元的基金會。

　　僅從近一年來在拍賣市場成交的三幅畫來解讀，廖繼春後期的
開放與抽象風格，無寧是對前半生所受到的壓抑和禁錮，對摯友陳澄
波的永恆憑弔，企求在畫布上尋得圓滿。這些拍賣會上金錢交易無法
告訴觀者的文化流轉故事，還有許多，當許多國家紛紛珍視「前輩畫
家」留下的文化財時，廖繼春和他那一代的畫家所構圖出來的人生風
景，值得在畫框裡外多加尋索。

其二，李澤藩》

抽象的家園意義，落實在畫布和獎座裡

　　新竹是一座老城，早在移民拓墾時代，城隍廟一帶就是竹塹的
信仰和商業中心。在現今城隍廟的後方，有一條狹窄古老的南門後街

（今之武昌街），百年來熙來攘往的吵雜聲，從未間斷。上個世紀初，一個勤儉、嚴肅的老實人李樹勛，總是想在這條街上做些什麼，他排行老三，上頭兩個哥哥靠束修過活，生活微薄。家族裡二十多口都靠李樹勛，擔子實在不輕。他開過輾米店、做過草帽生意，無一順利，於是他改做五穀行郊，漸漸在店裡排著米穀、麵粉、雜糧。

一九〇七年，也就是日本統治台灣的第十二年，李樹勛和太太李陳娥生下了第三個兒子，取名為澤藩，看得出來李樹勛對他的期待，滿五歲就送他去公學校，還不足齡，李澤藩因此先當了一年的旁聽生，翌年才正式入學。「世家鄰近聖人屋，子孫滿堂書聲亮」，這是李澤藩唸公學校時，父親李樹勛在家門口貼上的門聯字句，日治時期，新竹第一公學校（今之新竹國小）設在孔廟裡，離家只有一百公尺，李樹勛希望「聖人屋」庇護子女的求學路。

一九二一年，李澤藩從公學校畢業之後，李樹勛帶他上台北，進入台北

新竹是一座老城，城隍廟附近的老街仍保有古早的懷舊味。

從移民拓墾時代開始，城隍廟就是新竹的商業和信仰中心，廟前的小吃攤也有悠久的歷史。

師範學校就讀。甫從新竹來到陌生的台北，李澤藩住在學校宿舍，向高年級的學長學習體育項目，他喜歡沿著三線大路（今之愛國東路）跑馬拉松。直到三年級時，日籍老師石川欽一郎來到台北師範學校教水彩，李澤藩遇到了影響他一生抉擇的老師。

有一次，石川欽一郎向學生展示他的寫生作品，那幅畫畫的是公賣局工廠的圍牆，牆下流出來的水，不斷地冒煙，水氣輕輕上升，巧妙極了。李澤藩大受震撼，震撼於水彩能夠昇華一個人的視力所見。他報名了高年級學長組成的寫生會，在老師石川欽一郎的帶領下，偕同學長陳植棋、倪蔣懷，老師的私人弟子藍蔭鼎，校外來的陳德旺、張萬傳，開始利用周末時間，固定去台北近郊寫生。

體育活動雖然逐漸被寫生所取代，李澤藩並沒有放棄，在他任教於新竹第一公學校期間，除了是一位稱職的美術教師之外，李澤藩還是一個出色的田徑選手，擅長撐竿跳、三級跳、網球，在

李澤藩全家福，後排左二是次子李遠哲，後排中是長子李遠川。攝於1954年。

日籍美術老師石川欽一郎影響李澤藩終生追求水彩畫藝的成就。

新竹州（桃園、新竹、苗栗三縣）運動大會的田徑項目裡，李澤藩的三級跳紀錄保持了十五年。

一九○七年出生的李澤藩，和前輩畫家陳慧坤同年，比「台展三少年」的林玉山小一個月。受到石川欽一郎鼓舞的台灣新美術，在一九二○年代開始大放異彩，當同儕紛紛東渡深造時，李澤藩受限於經濟能力，選擇回到家鄉新竹教書。當時，李澤藩的二哥李澤祈留學廣島高等師範學校，他用教員有限的薪水接濟哥哥的留學費用。李澤祈後來在日本擔任高中科學教師，不幸在三十九歲去世，李澤藩親自去日本迎靈。

李澤藩在新竹公學校教書之後，經友人介紹，和梧棲一位蔡配小姐通信。蔡家家境較好，捨不得女兒遠嫁新竹，信寫了一年多之後，李澤藩接到了一件很特別的結婚禮物，雖然自己沒有繼續深造，這幾年仍舊跟隨老師寫生，替老師當水彩講習會的助手。石川欽一郎繪的新高山遠景掛軸；此外，替長子取名「遠川」、替三子取名「遠欽」，無非都是為了紀念老師。

李澤藩一共有九個子女，其中，三女幼眉不幸在五歲時早夭。比較年長的三個兒子遠川、遠哲和遠欽，從小受到比弟妹更多的管教。長子李遠川離家最久，他說過，身為長子的壓力，使得他從小並不和父親特別親近，卻常常聽弟妹轉述母親的說法，自己小時候多麼調皮，曾經被拘禁在洗澡用的木桶裡。依母親的說法，老二遠哲小時候慢吞吞的，卻是孩子裡「卡聰明」的一個。初中時，遠哲有一次和朋友去市立游泳池玩，到了傍晚還未回家，急得父親趕緊去游泳池，用竹竿打撈池底，結果是遠哲返家的路上，遇到師長被耽擱了。又有

一次，李遠哲和弟弟去南寮海邊釣魚，正得意拎著魚回家，沒想到，因為遲歸終究還是受到處罰。母親也記得，有一次用棍子動手處罰遠哲，結果棍子被兒子接個正著。

自從一九八六年李遠哲獲得諾貝爾獎後，位在新竹市武昌街的李家，再也不是昔日寧靜的美術老師家而已。

二十年前開始，李遠哲漸漸回到台灣，從初期籌備中研院原分所、擔任國統會委員，一直到最近十二年擔任中研院院長，長住台灣，在媒體與公眾形象裡，李遠哲早已是一個學術領導人、社會發言人的綜合體。不過，李遠哲的個性、行事風格與特質，從「少年李遠

1930年代初，李澤藩以「北郭園客廳」等一系列的新竹名景水彩，奠定畫風。

哲」的時代，約略已有雛形。

位在新竹老市區武昌街的李宅，每天傍晚放學後，父親李澤藩習慣先將礫土道路灑水，再靠著竹椅納涼。休息總是短暫的，日復一日的夜晚，父親在家認真作畫，子女受到父親認真態度的影響，除了在一旁認真做功課之外，沒別的事好做。遠川記得，有一次貪玩忘記寫作業，發現時早已到了上床時間，父親並沒有責備他，而是陪他寫作業，直到半夜才將作業寫完。

父親的認真與專注，影響了孩子們的做人處世，但也不可能隨時像緊繃的發條一樣。遠哲記得，小時候最愉快的回憶，莫過於陪父親到客雅溪畔垂釣和寫生，李澤藩喜歡在竹苗一帶的鄉郊寫生，學生們利用寫生的空檔烤甘藷，孩子們則是戲水、釣魚，善於利用竹子的李澤藩，用竹子做釣竿，也善用竹子做成雙層的精緻鳥籠，父親那無所不能的雙手，帶給孩子們歡樂，也示範給他們看，什麼是細密策畫出來的結構。曾經有人在參觀完李遠哲自己在加州大學架設的實驗室後，驚訝於他細密的手巧；同樣的佩服，孩子們也曾經回報給他們的父親。

父親以畫布為天地，孩子們無一承接衣缽。李澤藩是前輩畫家裡與世無爭的一種典型，同儕畫家多以油畫為主，李澤藩為了和他們並駕其驅，加重了水彩的分量。他獨特的水彩擦洗法，不僅加重了水彩畫不易達到的厚重與深度，他更讓消極的、減分的塗塗改改，變成積極的、加分的色彩表現。

最著名的例子是一幅「玫瑰」，在師大美術系任教的遷台國畫大師黃君璧，在一場畫展上，訝異於有人能用水彩把玫瑰畫得如此嬌艷

黃清呈的自畫像。

來不及發揮雕塑天分的黃清呈，
1943年喪命於高千穗丸船難。
圖為雕塑作品「頭像」。

欲滴，經一旁的林玉山介紹，原來，在新竹師範學校教水彩的李澤藩，利用自己獨創的擦洗和反覆堆疊技法，增加玫瑰主體的厚實感。黃君璧當場就邀請李澤藩去師大美術系教水彩。

李澤藩充分運用水彩媒材特有的水氣，創造出畫面氤氳、潮濕的效果，反映了新竹一帶獨特的人文風情。石川欽一郎第一次來台灣期間，曾在《台灣日日新報》發表文章，大加推崇台灣風景，他說：「空氣中的水分恰如薄絹般包圍山野」，他最喜愛的弟子陳植棋，將水彩發揚光大的藍蔭鼎，始終都比不上李澤藩掌握到的，台灣空氣中瀰漫的薄絹水分。

李澤藩說過，一樣是畫水彩風景，自己比較用心經營前景，石川欽一郎則是喜歡把重心放在中景、遠景。換句話說，李澤藩比較熱心介入他畫的風景，畫家的寫生位置，觀者視之欲出。

母親的深思熟慮和父親的認真態度，是李家小孩緬懷父母親情時，最難忘記的人格特質。李遠哲繼承了這兩項

特質，而他那時常被放大來檢視的「社會責任」與理想主義，絕非憑空而降。父親李澤藩的一生，認真介入了他的美術創作，兒子李遠哲則是介入了更大的、更不一樣的舞台。

李澤藩晚年罹患腦血栓，大病初愈後，憑記憶和凝聚了一生的繪畫技巧訓練，創作了緬懷竹塹的「潛園」、「孔廟」、「社教館懷古」等系列畫作，既為了紀念文化地標，更傳達出對家園親友的無限祝福。這是一個畫家的謝幕之作，隱約也有以畫立史的意味。李家人的成就無法和故鄉新竹切割，無論崇高如諾貝爾獎，或者是石川欽一郎送給李澤藩的結婚禮物，「故鄉」與「家園」對於台灣子弟的意義，在李澤藩、李遠哲父子二代的身上，讓人看到了最感動的落實。

其三，黃清呈 》

從澎湖浮現的海上雕塑

出生於日治時期的前輩美術家，他們對出生地的感懷增強了後代對這些地方的文化認同，像是陳澄波的嘉義、李梅樹的三峽、李澤藩的新竹，他們的作品替台灣島烙印了不同時空的圖誌。出生在本島之外的美術家也有同樣的戮力，例如近年來為金門在地藝術發聲的李錫奇；年代更久遠一點，民國元年出生在澎湖，三十一歲死於船難的雕刻家黃清呈，一般人恐怕比較陌生了。

長久以來在台灣美術史的書寫裡，有關黃清呈的事蹟相當稀少，近年來靠美術史家謝里法的挖掘，才漸漸受到重視。比起其他台灣史

人物的出土，「尋找黃清呈」擁有較方便的基礎，因為，導演黃玉珊就是黃清呈的姪女，在尚未有黃清呈傳記或其他文獻研究的情況下，以拍電影的方式出土這位在美術史上、在台灣史上被忽略的藝術家，這項成果相當特殊。

這部電影的片名有點長「南方紀事之浮世光影」，以一位年輕的畫作修復師為敘述主軸，她因為修補黃清呈的油畫，進而想知道畫作背後的故事，甚至「想和這位畫家談戀愛」。電影的另一條主軸就是黃清呈的成長，他出生在澎湖西嶼鄉池東村，喜歡以瓦片繪圖，觀眾從銀幕上感受澎湖浩瀚的海洋正在孕育著一個年輕人的理想，他搭

出土黃清呈生平的電影「南方紀事之浮世光影」，由閃靈樂團的主唱Freddy飾演男主角，女主角由張鈞甯飾演。
圖片來源／台灣聯通

船去台灣島的南端唸高雄中學，卻因整日繪圖而荒廢學業，一九二五年時又回到澎湖。回去之後，因為開漢藥店的父親的壓力，黃清呈於一九三三年赴東京考藥專，準備替父親考個藥牌回來。

黃清呈瞞著父親在東京學畫，一九三六年考上了東京美術學校雕刻科，與出生於台中的雕刻家陳夏雨同時代，比起第一位考上東京美術學校雕刻科的黃土水，則約晚了二十年。一九三九年是黃清呈嶄露頭角的開始，他和陳夏雨入選「帝展」，翌年再入選日本雕刻家協會年展，一九四一年尚且在台南公會堂辦過在台首次個展。

不幸的事發生在一九四三年，黃清呈剛接到北平藝專的聘書，來自台灣的郭柏川和江文也正在那裡教書，他準備回台灣後再前往北京，沒想到，他和女友搭乘從神戶開往基隆的高千穗丸，在基隆外海遭到美軍擊沈，船上一千八、九百位乘客裡，僅有兩百四十五位生還。

日治時期台灣人赴日本、中國、南洋求發展，莫不以輪船為主要的交通工具，高千穗丸失事是一樁相當慘的意外，圍繞著這些大輪船，還有更多待挖掘的故事，前輩作家葉石濤也有類似的遭遇：同樣在一九四三年，葉石濤本來想去日本就讀考古人類學，不料船出了基隆港就被美軍擊沈，他和一群同學被泡在水裡，泡了半天才被救起來，這場突如其來的意外，讓葉石濤打消了赴日求學的念頭，決定留在台灣，專心從事文學創作。

由於「南方紀事」電影中摻雜了訪問、剪報的鏡頭，許多走進電影院的中年觀眾，不清楚是不是紀錄片，但這些中高年齡層的觀眾顯然並不在乎，他們在乎的是看到了一段父母輩曾經走過的歷史。這

部電影的結尾感謝了超過一兩百位人士，最明顯的是美術界的參與，像是客串日籍老師一角的畫家陳景容。動員如此龐大的拍攝人力與成本，無非是為了告訴觀眾誰是黃清呈，這已經超過了後代家屬的願望，而是憑弔一位殞落的台灣藝術生命的方式，進而對澎湖產生多一層的認識。在宜蘭藍蔭鼎、大稻埕郭雪湖……等等前輩畫家之外，來自澎湖的黃清呈，他短暫的一生有如一座紀念雕塑，誌記了美術史上仍有許多未曾填滿的空間。

第五篇

影像裡的台灣史

——最好的時光、跳舞時代、浪淘沙

其一》最好的時光

十五年前，導演侯孝賢拍出了震撼一時的「悲情城市」，片中多語交雜，台語、福州話、潮州話等，被視為眾聲喧嘩的表現。二〇〇五年的近作「最好的時光」則是以三段式呈現生命中感動人的吉光片羽，其中，年代背景設在一九一一年的「自由夢」，依編導的說法，因演員不擅於古台語，因此那一段以默片形式推出。

默片？嚴重一點來說，侯孝賢把台灣人變成了啞巴。戲裡的啞巴，不是普通人，電影裡僅約略交代這位士紳的身分：組過詩社、擔任報社漢文部主筆，並非台北人。這位士紳北上時在大稻埕藝旦閣過夜，為了迎接梁啟超來台而奔波，隨後遠赴上海籌辦報紙，充滿了大義凜然的民族情懷。

電影戲劇並非歷史教材，毋須交代所根據的真實人物事蹟，這是常識；電影史上以

影射歷史人物而拍出傑作的例子，比比皆是。問題是，「最好的時光」裡將這位士紳的交往與活動講得太清楚了，出生在日治時期的長輩，許多都能繪聲繪影敘述連橫與藝旦王香禪之間撲朔迷離的交往。

連戰的祖父連橫以寫作《台灣通史》而享有盛名，近年來因為連戰頻頻訪問中國，連帶使得祖父連橫的生平事蹟一再被提起。省文獻會所出版的《連雅堂先生全集》裡就有一篇〈連雅堂先生與王香禪〉，這套全集由連戰作序，可見連、王之間的風流韻事絕非虛有。不過，「最好的時光」太高估了連橫的抗日意識。日治時期若要論抗日英雄，連橫絕對是敬陪末座的一個，議會設置請願運動裡沒有他的蹤影，更別提因治警事件而繫獄的志士名單了。翻翻中研院出版的台灣總督田健治郎日記，連橫尚且幫他擬過文稿；早期兒玉總督南巡時，連橫也寫過頌德詩。

師大台文所副教授廖振富曾經在台中市文化局主辦的「台中學」研討會

連橫

連橫在台中剪去髮辮後，主動發電報給在台北的《台灣日日新報》

電影《最好的時光》第二段「自由夢」，由張震飾演士紳，舒淇飾演藝旦。

圖片來源／海鵬影業

裡，發表一篇討論連橫與櫟社互動的論文，詳加考證居「中間」性格的連橫，擅長遊走在日本官方與本土反日陣營之間，勉強提得出和抗日意識有關的事蹟，僅有寥寥幾項，不過是在東京成立的新民會列名為榮譽會員、曾當過兩次台灣文化協會的台灣通史講師；治警事件發生時，連橫已從中國回到台灣創辦《台灣詩薈》，曾經寄信去牢裡向林幼春、蔡惠如索詩，自己隨後再唱和，如此而已。

　　藉由櫟社的關係，連橫和抗日活動有了很邊緣的關連，但後來連橫不僅因鴉片特許事件遭到櫟社除名，長久以來被賦予抗日詩社色彩的櫟社，近年來因為古典文學學者的研究而有更清楚的揭露，應該說是「二林一蔡」（林獻堂、林幼春、蔡惠如）的政治活動強化了、外

爍了櫟社的抗日色彩，而不是他們受到了櫟社的鼓勵才進行抗日。勉強和櫟社沾上邊的連橫，一生主要集中於文史活動與著述，並未實際投入政治活動；電影裡所流露的氣節，若是用來形容連橫，實在是用錯人了。

此外，電影裡藝旦幫影射連橫的士紳梳髮辮，此一細節也有基本的錯誤。連橫確實曾為了梁啟超來台，往返台中、台北，那年四月三日的《台灣日日新報》〈官紳紀事〉裡就有一句的記載，梁啟超赴台中時，櫟社成員在台中公園特產陳列館留下一張歷史照片，最後一排中間，個頭高高、表情有點木然的，就是連橫。不過，照片裡的連橫留短髮，那是因為一九一一年起，台灣的士紳興起斷髮熱，連橫也湊了這股熱鬧；一月三十日，連剪去髮辮，並且主動將自己斷髮的新聞，發電報給在台北的《台灣日日新報》。

十五年前，侯孝賢的「悲情城市」開啟了民眾探知歷史的興趣，因電影而帶動歷史熱，這是「悲情城市」的貢獻。十五年後的今天，「最好的時光」裡充滿氣節的台灣士紳竟然變成了啞巴，影射的歷史人物和細節也充滿爭議，反而模糊了那一段歷史。觀眾能夠享受的最好時光，就剩下連橫、王香禪之間的風流韻事了。

台灣史前輩楊雲萍曾說，有一天他忽然發現了一件事，他讀了連橫的詩集，發現他旅居中國期間，忽而上海、忽而吉林，跑來跑去原來莫不為了香禪，一下子「寄香禪滬上」，一下子「久居吉林有歸家之志香禪賦詩挽留」。比起遠赴中國，大江南北奔波追逐王香禪來說，連橫接待梁啟超來台一事，確實是微不足道了。

其二》跳舞時代

　　日據時代開始傳唱的「雨夜花」，在一九四一年太平洋戰爭爆發之後，被改為軍歌「榮譽的軍伕」，以進行曲強調日軍精神。而今天普遍聽到的「雨夜花」，悽創哀怨，常被用來比喻台灣人的悲情。

　　女高音任蓉心中長久以來存著疑惑，像「雨夜花」這樣的台語歌，照理應該是唱起來輕鬆愉快的，一直到她看了簡偉斯、郭珍弟執導的紀錄片《跳舞時代》，她才得到解答，原來，以前的唱法才是對的，「雨夜花」不僅是首情歌、舞曲，它的前奏還是華爾滋呢！外省人出身的她禁不住感嘆：這才是台灣人的聲音！

　　用一首歌來看歷史，除了「雨夜花」，還有更多被歷史淹沒的流行歌，不只能引領人重回日治時代的台灣，更進一步還原台灣庶民的面貌，這是《跳舞時代》的貢獻。簡偉斯、郭珍弟是解嚴後開始創作的影像工作者，她們的父母輩和大多數被壓抑的戰後台灣人一樣，成長過程裡鮮少留有日治時代的家族記憶，隨著紀錄片的拍攝與後製，她們不僅用影像出土了日治時代愛唱歌的台灣人，從舊款時代過渡到新款時代，用流行歌表露的時代精神；她們更進一步讓後代人知道，除了鄧雨賢，日治時代還有著名的作詞人陳君玉、第一位流行歌手純純，古倫美亞唱片公司老闆柏野正次郎的傳奇，他們所共同譜出來一段充滿創造力的年代。

　　二○○○年左右，簡偉斯、郭珍弟接下公視「記錄觀點」計畫的邀請，開始籌拍一部三○年代台灣人音樂生活的紀錄片，當她們初次聽到音樂工作者李坤城所收藏的七十八轉黑膠唱片，由留聲機放出

來的兩首歌〈跳舞時代〉、〈That's OK〉，不敢相信那是一九三〇年代台灣人的聲音，旋律歡愉、歌聲開放，尤其是〈跳舞時代〉的歌詞更是令兩位女導演驚呼，不僅充滿女性意識，而且還相當奔放、摩登：

> 阮是文明女，東西南北自由志，
> 逍遙恰自在，世事如何阮不知，
> 阮只知文明時代，社交愛公開
> 男女雙雙，排做一排，跳狐步舞
> 我上蓋愛。

這部電影就從「跳舞時代」的歌聲開始，配上鄧南光拍的電影畫面，年輕男女出遊，彈琴、抽煙，一點都看不到十幾年來主導本地史料出土的悲情論述。這首歌由「純純」所唱，她正是「雨夜花」、「月夜愁」等歌曲的第一位主唱。一九一四年，純純出生於艋舺，本名劉清香，父母在新舞台旁擺麵攤維生。純純從小在戲棚下聽歌仔戲，公學校唸到五年級便加入歌仔戲班唱

「跳舞時代」的歌詞充滿女性意識，充滿三〇年代的摩登追求意味。

戲，在二○年代的台北已經是當紅的小生，據說她在新舞台唱戲，從日新國小都可聽到她的嗓音。

二○年代的台北已經開始有城市生活，《跳舞時代》紀錄片用幾幅畫面點出新舊交替、東西交流的文化傳播路徑：從第一首華爾滋在東京鹿鳴館開始響起，台灣也進入了有光、有聲音的年代；一九○五年九月十一日，台灣總督府第一次點燈；街上洋貨店買得到留聲機，唱片行不多，衡陽路上只有一家「日蓄」唱片行，老闆是日人岡本兼太郎。

岡本兼太郎來台灣時帶了一個孤兒柏野正次郎，見他聰明，後來便把妹妹嫁給他，「日蓄」也在一九二五年交給柏野正次郎經營。柏野正次郎喜歡到台灣人的社區打轉，他請藝人到唱片行錄南管、北管、山歌、採茶、歌仔戲，和鄧雨賢在二○年代援用南、北管、車鼓等台灣民謠創作新歌曲的精神，不謀而合。

柏野正次郎到處打聽誰能寫、誰會唱，他畢竟是日本人，熟悉當時日本的流行文化，他為了改變純純的唱腔，把東京當時流行的舞曲〈That's OK〉改編成台語歌。他後來在京町（現在的博愛路）買一棟樓房，脫離日本Columbia唱片公司的關係，獨資經營「古倫美亞」唱片公司，在三○年代初的台北街頭開始用宣傳單推銷默片電影的歌曲，包括「懺悔」、「一個紅蛋」；純純也因為錄了古倫美亞的《桃花泣血記》電影主題曲，一曲成名。

柏野正次郎出品的唱片，上頭除了印有英文字Columbia之外，還有Viva Tonal這兩個英文字，意思是原音重現。簡偉斯、郭珍弟也仿照唱盤設計，將Viva Tonal冠在電影片名上。如果只是靠舊照片、舊唱

青史有

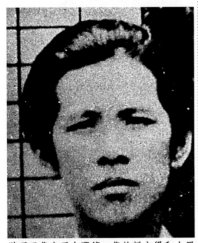

陳君玉代表了台灣第一代的新文學和大眾
文化創作者。

《跳舞時代》雖是紀錄片，導演刻意在片
中加入仿劇情片的純純戀愛場景。圖為純
純的照片。

片來原音重現，這部紀錄片恐怕沒那麼
精采；簡偉斯、郭珍弟厲害的地方，便
是替純純、陳君玉加入了仿劇情片的男
女主角情史發展，愛慕純純的陳君玉在
她開的「巴西吃茶店」徘徊，純純喜歡
的卻是一位唸帝大的學生。影片一則請
另一位同時代的歌手愛愛女士（後來嫁
給周添旺）親口回憶，二則由「金枝演
社」的演員飾演這幾位歷史人物，穿插
在紀錄片裡。郭珍弟接受訪問表示，歷
史能感動人的地方，是人在歷史裡活動
時的情感；她在這部片裡加入了演員重
現、跳舞重現的場面，確實在只能靠檔
案重現和口述歷史的傳統紀錄片拍攝手
法限制下，做了突破。

古倫美亞出品的「跳舞時代」，可
說是台灣第一首上市發行的「本土」流
行歌，作曲者是鄧雨賢，作詞人是一般
人陌生的陳君玉，這位寫出「阮是文明
女，東西南北自由志」歌詞、描繪女性
理想生活的文人，究竟是誰？

一九〇六年出生的陳君玉，父親是
人力車夫，小時候因為家裡窮，擺過路

邊攤，也去過布袋戲班做學徒，公學校讀到一半就去印刷廠做揀字工。十五歲左右，陳君玉跟人去了青島，據說在一家日本人的報社工作。陳君玉受到五四運動的影響，練習寫白話詩。一九二八年回到台灣，曾在《台灣新民報》發表過小說〈工場進行曲〉，描寫印刷廠工人的愛情故事。他在印刷廠的一個同事寫了歌詞，被唱片公司採用，這件事給了他很大的鼓舞，他也開始用白話詩寫歌詞，沒多久就被柏野正次郎打聽到他的才華。一九三三年，柏野正次郎聘陳君玉擔任文藝部長時，古倫美亞已經是台灣最大的唱片公司。

簡偉斯、郭珍弟在紀錄片裡加入了一些支線，用來豐富當時台灣人的音樂生活，例如當時大甲社尾一位仕紳黃清本，家中聽的是卡羅素在一九一二年錄的〈善變的女人〉，已經傾頹的舊宅，門坊上依然清晰可見黃清本雕上的英文字Liberty、Equality，導演以他當作三〇年代台灣樂迷的代表。

此外，《跳舞時代》花了相當長的

古倫美亞唱片公司推出的《跳舞時代》
唱片「本尊」

篇幅訪問宜蘭林屋時計店，作為唱片經銷商的代表。隨著一九二四年北宜鐵路通車，留聲機和唱片也進入了宜蘭，一九三四年時，另一家具影響力的勝利唱片公司為了宣傳來自日本的「東京音頭」歌曲，派箱型車來台巡迴宣傳，林屋時計店至今仍保有這些史料。「音頭」則是因為日本受到東歐、蘇聯國民樂派影響，將日本傳統音樂改編的流行樂。在當時赴日學習小提琴的作曲家郭芝苑，受到了國民樂派的影響，以身作則，認為台灣人也可以改編自己的傳統音樂。

古倫美亞唱片行毀於台北大轟炸，柏野正次郎兩手空空回日本，純純、鄧雨賢死於戰爭期間，陳君玉在戰後以教北京話為生，六〇年代死於肝病，一生未娶。受到戰爭影響的台語流行歌後來紛紛改為軍歌，影片末了帶領觀眾去神風特攻隊在宜蘭的遺址，歌聲是再悲哀不過的〈若是去海邊／就是泡在海水裡的屍體／若是去山上／就是草叢間的屍體〉。

戰爭埋葬了台灣人受殖民的歷史，但歌曲卻能重生，日本時代開始發展的台語流行歌，短短十二年間就有三、四百首創作歌曲，簡偉斯、郭珍弟被當時張開手臂迎向新文化的台灣人精神感動，據此創作。也正是這樣的精神，讓《跳舞時代》激發許多想要重訪歷史的迴響！

其三》浪淘沙

幾年前有一天，素以出版台灣本土文史資料著稱的前衛出版社負責人林文欽，提了一袋東西去找友人葉金勝，葉金勝是電視界三十年

資歷的製作人，他很好奇：林文欽帶了什麼「等路」送他？結果，打開一看，原來是厚厚三大冊的《浪淘沙》。

以台灣第一位女醫生蔡阿信生平為基礎的《浪淘沙》，是小說家東方白費時十二年的大河小說，九〇年代初推出至今，一直被認為是代表台灣小說成就的重量級鉅著之一。葉金勝擅長改編台灣文學入鏡，前幾年將王禎和的「嫁妝一牛車」、七等生的「結婚」、楊青矗的「在室男」等，改編為膾炙人口的作家劇場，在民視、台視播出。林文欽為什麼會帶著《浪淘沙》來找他？葉金勝的心裡當然很清楚。

三十集的大河電視劇談何容易！拍攝幕後的艱辛雖然不同於東方白筆耕一百五十萬字的嘔心瀝血，但也相去不遠，光是為了劇情需要而跋涉中國大陸、日本、加拿大等地，加起來超過三萬公里的行程，就已經夠驚人了。另外，超過七十位演員跨越了清朝與日治台灣、昭和與大正時期的東京、二次大戰前後的加拿大，光是服裝考據就已經是專門的學問，再加上跨時代的演員自然而然講出的台語、普通話、日語、英語，也需要還原到特定的時空。僅從外景、服裝、對白來看，電視版「浪淘沙」的大河工程，浩繁的程度可見一斑。

為什麼要如此大規模再現一個台灣女子的一生？《台灣日日新報》曾以大篇幅、斗大的標題報導「台灣初の女醫」蔡阿信從東京女子醫專學成返台，她從日本穿回來的衣服款式在台北街上流行起來。她的丈夫彭華英畢業於明治大學、初戀情人林仲澍畢業於早稻田大學，兩人都是二〇年代留學東京的台灣菁英，電視劇裡播出他們在留日學生的園遊會上高歌，施易男飾演的林仲秋（林仲澍的化名）演唱「思想起」、葉歡飾演的丘雅信（蔡阿信的化名）用日語演唱「早春

由施易男飾演的林仲秋（右一，林仲澍的化名），在原著裡僅是個小配角，經改編為電視劇後卻有吃重的戲分。
圖片來源／青頻果公司

賦」，這只是三十集的序曲而已，蔡阿信的一生，曲折還在後頭呢！

電視劇「浪淘沙」播出時，前總統李登輝去民視接受專訪，總經理陳剛信請他看「浪淘沙」的精華帶，李登輝記得「早春賦」的歌詞和曲調，離開民視返家後還再打電話問陳剛信，確認這首曲子的歌名。學生輩的觀眾也有欣賞「浪淘沙」的角度，不少影迷為了鎖定施易男而緊盯民視，每周六播出一次的「浪淘沙」，到了哪一集才會出現施易男飾演的林仲秋？

原著裡關於林仲秋的描寫只有兩三頁，到了電視劇裡，編劇王詞仰大加發揮，丘雅信和初戀情人在負笈東京求學時萌生情愫，在一九二〇年代初，來自台灣的第一位飛行員許文達（謝文達的化名）

在東京小有名氣，王詞仰特地編寫一場戲：丘雅信和林仲秋在草地上談話，天空飄下了許文達駕機空投的傳單，呼籲支持台灣議會設置請願運動。傳單有如落櫻，丘、林的互動是當成偶像劇來拍的。

製作本劇的青頻果公司和播出的民視，因電視劇播出後掀起的「浪淘沙現象」而顯得相當興奮。他們感受到，不同世代的觀眾分別開發了接近「浪淘沙」的渠道，李登輝喜歡劇裡的歌曲，年輕觀眾因為認同演員而接觸二○年代歷史，對台灣史有興趣的人士則會想進一步挖掘蔡阿信、彭華英的後半生。對青頻果公司來說，「凝聚台灣意識」是改編此齣大河劇的初衷。原著作者東方白更是大聲疾呼，屢仆屢起的蔡阿信體現了台灣人的精神，製作考究的電視劇讓人物從歷史走出來，精緻呈現的「浪淘沙」徹底翻轉了台語劇的傳統印象，長期以來幾乎和鄉土、鄙俗劃上等號的台語劇，這回可是寫實的、精緻的文學大河劇。

出生於一八九六年的蔡阿信，祖父是新竹的大地主，因資助農民抗日被捕，父親在眾人的建議下，徒步由新竹趕往淡水，請馬偕牧師去向日人說情。祖父果然獲釋，父親也因此結識了基隆的士紳，也就是蔡阿信的外祖父，他是最早被馬偕受洗為基督徒的第一批台灣人之一，蔡阿信的母親也唸過馬偕在淡水辦的聖經學校。蔡阿信的父親後來在板橋當牧師、行醫，可惜因肺結核而早逝。

蔡阿信的母親後來改嫁給蔡家，繼父曾送她的母親去助產士學校受訓，對她的教育更是重視，她唸的淡水女學堂是台灣第一所女子學校，前身是母親唸過的聖經學校。一九一三年，十七歲的蔡阿信從女學堂畢業，毅然決定去日本唸東京女子醫專。電視劇裡演出雅信剛到

日本時，女同學拿著台灣生番割下平地人頭顱的圖片向她挑釁，雅信義正詞嚴告訴日本同學：她不是生番的女兒，現在的台灣沒有人會去割人頭。

　　青頻果公司為了還原以丘雅信的一生為縮影的台灣史，葉金勝和本劇統籌潘鳳珠四處蒐集老照片與史料，雅信母親的服飾根據清朝婦女的裝扮，赴上海訂做，淡水女學堂裡師生的制服也馬虎不得，東京女子醫專的手術服樣式也在日本出版的相關書籍裡找到，葉金勝還找

葉歡飾演丘雅信（蔡阿信的化名），與丈夫
彭英（彭華英的化名）離婚。
圖片來源／青頻果公司

幼年丘雅信與母親，母女倆都唸淡水女學校
——台灣第一所女子學校。
圖片來源／青頻果公司

到了蔡阿信當年唸醫專時校長的照片呢！這一切，他們都歸功於原著作者東方白二三十年來鍥而不捨的查訪，讓街道房舍、衣著擺設等皆有所本，不過，明眼的觀眾仍能挑出骨頭，雅信的兩個父親應蓄髮辮才對。

蔡阿信在東京求學期間，正好遇到以留學生為基礎的海外台灣民族運動，過去多半只有在紀錄片裡看過的台灣議會設置請願運動、治警事件的檔案照，電視劇「浪淘沙」以戲劇的表現融入雅信的生平，彭華英與林仲澍皆是「新民會」的會員，根據葉榮鍾在《台灣民族運動史》裡的記載，當時民族運動領袖蔡惠如正是聽到了彭、林兩位大學生的建議，才決定創辦《台灣青年》，這是第一份為台灣人喉舌的刊物。電視劇還開了一個小小的玩笑，將原版的《台灣青年》封面，以三位演員的虛構人像，取代林獻堂、彭華英、林仲澍。

彭華英後來從東京轉往上海，後半生滯留北京，返台開業的蔡阿信後來和他離婚，五○年代慘遭驅逐出境。本劇

日治時代台灣人在東京活動的軌跡，仍歷歷在目。圖為蔡阿信就讀的東京女子醫專，在今日的飯田橋區所樹立的發祥地紀念路標。

導演初拿到劇本時，不敢相信她竟親歷被驅逐出境的命運呢！八〇年代當東方白專訪她，為了替小說寫作蒐集資料時，蔡阿信便擔心有生之年來不及讀到以自己生平為藍本的小說。她不幸言中，一九九〇年逝世於羈旅後半生的加拿大。時下的觀眾又是多麼幸運，打開電視機就可以認識台灣的阿信！

後記

　　本書大部分的文章曾以不同的形式發表於刊物上。以下數篇以較短的篇幅發表於《新新聞周報》：

　〈日本漢學家的中國羈旅與台灣時代〉，改寫自1005期（2006年6月8日出刊）

　〈晚清人物與台灣──嚴復、章太炎、譚嗣同〉，改寫自1008期（2006年6月29日出刊）

　〈劉吶鷗替海派帶來新感覺〉，改寫自971期（2005年10月13日出刊）

　〈從顏雲年到一青窈，基顏家的三代詩歌〉，改寫自1003期（2006年5月25日出刊）

　〈少年江文也〉，改寫自1013期（2006年8月3日出刊）

　〈賴和去廈門，更加悲天憫人〉，改寫自1012期（2006年7月27日出刊）

　〈前輩畫家的迷思〉：其一，廖繼春，改寫自 1006期（2006年 6月15日出刊）；其二，李澤藩，改寫自1010期（2006年7月13日出刊）；其三：黃清呈，改寫自973期（2005年10月27日出刊）

　〈影像裡的台灣史〉：其二，跳舞時代，改寫自897期（（2004年5月13日出刊）其三：浪淘沙，改寫自951期（2005年5月26日出刊）

　　本書中較長的三篇文章〈淡水碼頭，一場掛燈籠的聖誕晚會〉、〈多事當時月──重晤梁啟超〉和〈百年前從台北出發的記者──魏清德的南清見聞〉，源

自於筆者獲得第七屆台北文學獎年金寫作計畫的成果。

〈重新尋找蔡惠如〉一文則是根據《蔡惠如和他的時代》書中的導論，因應本書第二部「大家族之後」的主題，重新整理而成。

第一部　百年前的台灣旅客

◎專書

林滿紅主編，《清末台灣海關歷年資料》，台北：中研院台史所，2002

Joseph Beal Steere著，李壬癸主編，《Formosa and It's Inhabitants》

　　（福爾摩莎及其住民），台北：中研院台史所，2002

白尚德（Chantal ZHENG）著，鄭順德譯，《十九世紀歐洲人在台灣》，

　　台北：南天書局，2004

陳國棟，《東亞海域一千年》，台北：遠流出版，2005

藤崎濟之助原著，林呈蓉譯註，《樺山資紀蘇澳行》，台北：玉山社，2004

內藤湖南、青木正兒著，王青譯，《兩個日本漢學家的中國紀行》，

　　北京：光明日報社，1999

吉川幸次郎著，錢婉約譯，《我的留學記》，北京：光明日報社，1999

吉川正次郎等著，戴燕、賀經逐選譯《對中國文化的鄉愁》，

　　上海：復旦大學出版，2005

張寶三、楊儒賓編，《日本漢學研究初探》，台北：台大出版中心，2004

皮后鋒，《嚴復大傳》，福州：福建人民出版社，2003

湯志鈞編，《章太炎年譜長編》，北京：中華書局，1979

丁文江、越豐田編，《梁啓超年譜長編》，上海：上海人民出版社，1983

國立中央圖書館特藏組編，《梁啓超知交手札》，台北：中央圖書館，1995

◎論文

陳瑋芬，〈大日本主義風潮下的日本漢學者──鹽谷溫晚年的儒學觀與其

　　「臺灣遊記」〉，《第一屆臺灣儒學國際學術研討會論文集》，

　　　台南：成功大學，1997，下冊，頁137-166

第二部　大家族之後

◎專書

謝金蓉編，《蔡惠如和他的時代》，台北：台大出版中心，2005

林獻堂著，許雪姬主編，《灌園先生日記》（一）、（二），

　　　台北：中研院台史所，2000

楊肇嘉，《楊肇嘉回憶錄》，台北：三民書局，1968

林熊祥主修，《台灣省通志稿》革命志抗日篇，台北：台灣省文獻會，1954

蔡紹斌，《清水第一街──大街路尋根溯源》，台中：牛罵頭協進會，1996

黃朝謨，《林克恭：台灣美術全集16》，台北：藝術家出版社，1995

康來新、許秦蓁合編，《劉吶鷗全集》，台南：台南縣文化局，2001

陳慈玉，《台灣礦業史上的第一家族：基隆顏家研究》，

　　　基隆：基隆市立文化中心，1999

唐羽，《基隆顏家發展史》，南投：國史館台灣文獻館，2003

◎論文

羅有桂、梁惠錦，〈台灣民族運動中早期的蔡惠如〉，《台灣風物》26卷第3期

若林正丈著，陳怡宏譯，〈追尋遙遠的連帶〉，《台灣風物》，53卷第2-3期

第三部　台灣史人物新論

◎專書

張己任，《江文也：荊棘中的孤挺花》，台北：時報文化，2002

梁國瑛，《台灣總督府的「對岸」政策研究》，台北：稻鄉出版社，2001

黃美娥，《重層現代性鏡像》，台北：麥田出版社，2004

中研院台史所籌備處，《江文也先生逝世二十週年紀念學術研討會論文集》，

　　　　台北：中研院台史所籌備處，2003

林瑞明編，《賴和手稿集》、《賴和影像集》，彰化市：賴和文教基金會，2000

林瑞明編，《賴和漢詩初編》，彰化市：彰化縣立文化中心，1994

李季眉編，《如山高似海深：懷念李蔡配女士》，

　　　　新竹：李澤藩紀念藝術教育基金會，1995

新竹市立文化中心主辦，洪惠冠總編輯，《彩筆畫故鄉：李澤藩逝世六週年紀念

　　　　展》，新竹：新竹市立文化中心，1998

楊雲萍，《台灣史上的人物》，台北：成文出版社，1981。

◎論文

劉美蓮，〈台灣舞曲：江文也的故事〉，《自由時報》副刊，2006年1月9-11日

吳玲宜，〈江文也傳〉，《國史館刊》，復刊第34期，2003年6月

王昭文，〈戰時的《全閩新日報》〉，台灣風物，53卷第1期

中村孝志著，李玉珍、卞鳳奎譯，〈廈門及福州博愛會醫院的成立──

　　　　臺灣總督府的文化工作〉(上)（下），《台北文獻》直字126、127

國家圖書館出版品預行編目

青山有史 – 臺灣史人物新論 / 謝金蓉著. --
　一版. -- 臺北市：秀威資訊科技，2006[民95]
　　面 ；　公分. --（史地傳記；PC0005）
參考書目：面
ISBN 978-986-7080-97-4（平裝）

1. 臺灣 – 傳記

782.632　　　　　　　　　　　　　95018528

史地傳記　PC0005

青山有史—台灣史人物新論

作　　者 / 謝金蓉
主　　編 / 蔡登山
發 行 人 / 宋政坤
執行編輯 / 林世玲、周沛妤
圖文排版 / 莊芯媚
封面設計 / 林世峰
數位轉譯 / 徐真玉、沈裕閔
銷售發行 / 林怡君
出版印製 / 秀威資訊科技股份有限公司
　　　　　　台北市內湖區瑞光路583巷25號1樓
　　　　　　電話：02-2657-9211　傳真：02-2657-9106
　　　　　　E-mail：service@showwe.com.tw
經 銷 商 / 紅螞蟻圖書有限公司
　　　　　　台北市內湖區舊宗路二段121巷28、32號4樓
　　　　　　電話：02-2795-3656　傳真：02-2795-4100
　　　　　　http://www.e-redant.com

2006 年 10 月　BOD 一版
2006 年 12 月　BOD 二版
定價：230元

讀 者 回 函 卡

感謝您購買本書，為提升服務品質，煩請填寫以下問卷，收到您的寶貴意見後，我們會仔細收藏記錄並回贈紀念品，謝謝！

1.您購買的書名：＿＿＿＿＿＿＿＿＿＿＿＿＿＿＿＿＿

2.您從何得知本書的消息？

　　□網路書店　□部落格　□資料庫搜尋　□書訊　□電子報　□書店

　　□平面媒體　□　朋友推薦　□網站推薦　□其他＿＿＿＿＿＿

3.您對本書的評價：(請填代號　1.非常滿意 2.滿意 3.尚可 4.再改進)

　　封面設計＿＿　版面編排＿＿　內容＿＿　文/譯筆＿＿　價格＿＿

4.讀完書後您覺得：

　　□很有收獲　□有收獲　□收獲不多　□沒收獲

5.您會推薦本書給朋友嗎？

　　□會　□不會，為什麼？＿＿＿＿＿＿＿＿＿＿＿＿＿＿＿＿＿＿

6.其他寶貴的意見：＿＿＿＿＿＿＿＿＿＿＿＿＿＿＿＿＿＿＿＿

　　＿＿＿＿＿＿＿＿＿＿＿＿＿＿＿＿＿＿＿＿＿＿＿＿＿＿＿＿＿

　　＿＿＿＿＿＿＿＿＿＿＿＿＿＿＿＿＿＿＿＿＿＿＿＿＿＿＿＿＿

　　＿＿＿＿＿＿＿＿＿＿＿＿＿＿＿＿＿＿＿＿＿＿＿＿＿＿＿＿＿

讀者基本資料

姓名：＿＿＿＿＿＿＿＿＿＿　年齡：＿＿＿　性別：□女 □男

聯絡電話：＿＿＿＿＿＿＿＿　E-mail：＿＿＿＿＿＿＿＿＿＿

地址：＿＿＿＿＿＿＿＿＿＿＿＿＿＿＿＿＿＿＿＿＿＿＿＿＿＿

學歷：□高中(含)以下　　□高中　　□專科學校　　□大學

　　　□研究所(含)以上 □其他＿＿＿＿＿＿＿＿

職業：□製造業 □金融業 □資訊業 □軍警 □傳播業 □自由業

　　　□服務業 □公務員 □教職　　□學生 □其他＿＿＿＿＿＿

To：114

台北市內湖區瑞光路 583 巷 25 號 1 樓

秀威資訊科技股份有限公司　　　收

寄件人姓名：

寄件人地址：□□□

(請沿線對摺寄回,謝謝!)

秀威與 BOD

BOD（Books On Demand）是數位出版的大趨勢,秀威資訊率先運用 POD 數位印刷設備來生產書籍,並提供作者全程數位出版服務,致使書籍產銷零庫存,知識傳承不絕版,目前已開闢以下書系:

一、BOD 學術著作—專業論述的閱讀延伸
二、BOD 個人著作—分享生命的心路歷程
三、BOD 旅遊著作—個人深度旅遊文學創作
四、BOD 大陸學者—大陸專業學者學術出版
五、POD 獨家經銷—數位產製的代發行書籍

BOD 秀威網路書店:www.showwe.com.tw
政府出版品網路書店:www.govbooks.com.tw

永不絕版的故事・自己寫・永不休止的音符・自己唱